JN408880

인생은 기하학

문학공원 시선 123

인생은 기하학

원종관 시집

문학공원

<책머리에>

오아시스를 찾아가는 길

인연과 운명의 합작으로 오늘에 이른 것 같습니다.

일념으로 군생활에 충직하였고, 고개를 들고 보니 공허가 찾아왔습니다.

실로 우연한 기회에 문학에 입문하였고, 겁도 없이 떠밀려 오다보니 이런 영광이 찾아왔습니다.

새기고 박힌 고정관념을 바꾸기가 어려웠고, 감정을 표현하는 방법 또한 난감하였습니다.

더불어 같이 하면서 바람과 권고를 아끼지 않았던 선배님들과 문우님들의 도움에 감사드립니다.

비록 시답지는 못할지언정 저에게는 첫걸음이고 시작이었습니다. 살아온 인생과 지녔던 감정을 테마에 대입시켜 불어본다는 감회는 나의 진정한 위치를 인식시켜주는 깨달음이기도 했습니다.

두드려보지 않았다면 어찌 이런 경지를 알 수 있었으며 아름다운 삶의 진의를 알 수 있었겠습니까?

이렇게도 걸어 보겠습니다.

오아시스를 찾아가는 길이 사막을 걸어가는 고통일지라도 뚜벅뚜벅 걸어가겠습니다.

모래언덕도 만나고, 폭풍도 만나고, 자책의 허탈한 딜레마가 오더라도 멈추지 않겠습니다.

박토에 뿌리 내린 것인가?

운명이고 인연인가?

이곳 예향 포천에서 훌륭하신 선배님들, 좋으신 문우들을 만나 문학에의 움도 트고 봉우리도 만들고 꽃을 피우기 위해 꿈틀거려 보려 합니다.

용기를 주시고 많은 지도편달을 주세요.

몇 분의 명함을 거명하지 않겠습니다.

정말 고마웠습니다.

2017년 초가을

원종관 배상

<추천사>

詩人과 元 大領

이석구(포천예술인동우회 고문)

어느 날 원종관 대령은 육군 대령이란 그렇게 화려하지도 미흡하지도 않은 계급을 내려놓고 포천의 문학계에 얼굴을 내밀었습니다. 스스로 '군바리'라 겸손해하면서도 대단한 열정으로 다가왔습니다. 제대한 지 15년이 넘고 그의 나이 70이 넘어서였습니다. 그는 문학의 후보자이며 시를 쓰고 싶다고 하였습니다. 이 고장의 시인들이 모여 있는 포천예총의 포천문인협회와 포천예술인동우회의 문학분과 글쟁이(文友)들과 교유(交友)하기 시작하였습니다. 문우들의 문학지에 작품활동을 시작하면서 포천문예대학을 나왔고, 포천예술인동우회 문학분과의 월례 자작시낭송회에 빠짐없이 참여하고 문학서적을 가까이 하였습니다.

그렇게 2년여 동안 열심히 공부를 하던 어느 날 그는 '한국작가'의 신인상 추천을 받아 시인의 면허증을 받고 늦깎이 시인이 되었습니다.

그의 작품은 날로 일취월장해 나갔습니다.

그는 다시 1년을 더 정진하여 이번에 '인생은 기하학'이란 시집을 발간하여 우리를 또 한 번 놀라게 하였습니다.

'대령'이란 일생의 이름 위에 '시인'이란 형용사를 추가하였습니다. 대령에서 시인이 된 것이지요. 대령과 시인은 서로가 멀리 있어 보입니다. '군인'하면 우리가 느끼는 것은 딱딱한 이미지를 갖지만, 시인하면 감성이나 유연 등 부드러운 이미지를 연상하게 됩니다. 35년이란 오랜 기간 동안의 군대생활을 하다가 이곳 이동에서 전역하기까지 그의 발은 군화 속을 벗어나지 못했을 것입니다.

그가 시를 찾기까지는 무슨 사연이라도 있을 것 같습니다. 원 대령은 경상북도 경주가 그의 출생지입니다. 경북중고를 졸업하였고 육군사관학교 25기입니다. 소위 TK출신의 육사 육군대령이면 잘 나갈 수도 있었을 것입니다.

풍족한 집안이었지만, 아들 귀한 집안의 외아들로 초등학교 4학년 때 어머니를 여의고 중학교 때부터 객지생활로 외롭게 성장하였습니다. 육사 졸업과 동시에 육군 소위가 되어 월남전에도 참여하는 사이 아버지도 타개하시고 홀로 서야 하는 고아가 되었습니다.

그렇지만 집념이 강하고 매사에 노력으로 성취하는 성품으로 학교마다 1등을 차지했고 전후방을 이동하며 살아온 군생활은 그에게 3개의 무공훈장을 안겨주기도 했습니다.

그는 군생활 중에 좌절과 패배감도 겪게 됩니다. 육군사관학교 출신 군인에겐 별을 달고 싶은 욕망이 있을 것입니다. 그에게 이 행운은 빗나가고 패배를 맛보게 하였습니다. 이에 그는 제대 후 5년간이나 절간에 들어가 정좌를 하였습니다. 5년이란 세월은 인간 원 대령의 인생을 성찰하는 계기가 되었고, 시에 입문하는 동기를 주었을 것입니다. 여기서 원 대령이 시인으로 변모하는 제2의 인생이 시작되었을 것으로 짐작이 됩니다.

그의 시세계는 무궁무진합니다. 원래 시는 20대에 써야한다고 말합니다. 그 이유는 나이가 들수록 사고력도 떨어지고, 관념으로 흐르기 쉽고, 이미지를 만드는데 지지부진하다는 것입니다.

하지만 모든 것은 생각하기 나름일 것입니다. 원 대령은 그가 몸담은 군생활의 동적인 사고와 불타가 가르친 정적인 세계의 만남에서, 그가 섭렵한 고뇌까지 시로 표출된다면 좋은 시가 쏟아지리라 믿습니다. 그의 시는 이제 시작일 뿐입니다.

'시를 쓰는 원 대령'이란 타이틀을 지어놓으니 멋있습니다. 우리는 아름답고 멋진 한 인물을 발견하게 됩니다. 이 시집은 70평생 노익장으로 살아온 원 대령의 아름다움이나 그리움 같은 것을 여러분과 같이 동행하게 될 것입니다.

아름다운 시집 발간을 진심으로 축하드립니다. 고맙습니다.

<祝 漢詩>

祝 元鍾寬 先生 詩集 發刊
축 원종관 선생 시집 발간

鷄林傑士武文兼 계림걸사무문겸
계림에 뛰어난 선비 무문을 겸했는데

馬忽村坊賦詠霑 마홀첨방부영점
포천 시골마을에서 시 짓고 읊기에 젖었네

遒勁1)詩魔2)由路問 주겸시마유로문
힘 있는 글 시 짓기 유래를 물으니

風塵苦志素心恬 풍진고지소심념
인간 세상 뜻을 괴롭혀도 본심에 편안했다 하네

儒林書室 柏林 李秉贊 謹書
유림서실 백림 이병찬 근서

1) 遒勁 : 문장 등에 힘이 있음
2) 詩魔 : 시를 좋아하는 성벽

contents

1부. 박쥐와 낙타

2부. 눈물 나는 날

contents

3부. 애모의 편지

4부. 종달새의 시낭송

<시조>

5부. 부채 같은 마음

1부
박쥐와 낙타

노숙자와 자연인

세속에 적응 못하고 벗어나
자유롭게 살아 보려고 떠났던가
관계에서 받았던 마찰과 고통을 이겨내지 못하고
자유스런 삶을 찾아간 곳이 그곳인가
어림없지
노숙에도 서열, 엄격한 규율, 신참 고참 있을만한 것이 다 있어
함부로 할 수가 없는 걸
산에서도 지기(地氣) 지세(地勢) 기후(氣候)와도 싸워야 하고
그래도 산이 좋던가
그래서 자연인(自然人)이라 불러 줬나
노숙자는 놀고 얻어먹긴 편할지 모르지만
산(山)사람은 일하고 만들어 노력한 만큼 얻을 수는 있잖아

이왕에 떠날 바에는 산으로 가라
그렇던 저렇던 변치 않는 것은
소외되어 외로움이 자꾸만 쌓여간다는 것

도루묵

피난 가서 허기질 때 그렇게 맛있더니
환궁한 수라상에서는 은총 한 번 못 받았네
이름도 삭탈되어 도로목어로 떨어지고
온갖 푸대접 당했다네
잘나고 못나고 귀하고 천한 것이
때에 따라 달라지나
버림받은 것이 그대 탓만은 아니라네
인생은 도로 물릴 수 없어
떠가는 구름도, 흘러가는 강물도
가면 그만인 걸 도루 꿈 아니야
살면서 한 가지라도 제대로 못한 인생
좋다할 땐 언제고 싫다할 땐 언제냐
귀에 걸면 귀걸이 코에 걸면 코걸이
변명하다 세월가네
한 번의 참됨이라도 똑바로 해보세

꽃박람회

오늘 온 동네 사람들 꽃 박람회 간단다
그나마 국제박람회라고
인고(忍苦)의 세월 얼마나 참고 견뎠던가
온 산천 온 누리 단장했네
저마다 생존의 굴레에서
자연의 바퀴는 한 치의 오차도 없구나
촌음(寸陰)의 시간을 늘려 펼쳐보아라
섭리대로 굴러가는 걸 느끼기라도 한 건가
길섶 이름 모를 꽃도 자태는 같은데
눈길 주는 사람 별로 없어 외롭기만 하고

카트만두 참사는 왜 꽃피는 사월에…
공평하지 못한 세상
골라서 즐기기만 하면 되나
이 골짜기 졸졸 흐르는 계곡물 산 넘어 홍수 나고
나만이 누리는 기쁨 속에 저 동네 큰 불 났다네
온 산천 꽃으로 단장 되었건만
억지 단장 그곳이 좋았던가
흘러온 한 평생도 그러할진대
마음 쉬고 꽃밭 속 정자에서
곡차 기우리며 상념에 젖어본다

한내장터

냇가 따라 쭉 펼쳐진 장터
뭇 사람들 모일 테지
많은 생각들 안고
오늘은 무언가 있을 거라고

나도 아침부터 설렜지
죽마고우 만나 한 잔하면서 흥겹고
어린 시절 한 교실에서 만났던 예쁜이도
만날 수 있으려나
살아온 얘기하며 회포나 풀자

기다리는 마음은 즐거우나
버리는 마음은 허무해
오늘 아침에 까치 울더니
그런 사람 만날 것 같아
장날 때문에 오일은 쉬이 가누나

박스 줍는 노인

찔끔 찔끔 흩날리는 눈 오는 거리에
녹슬고 찌그덕거리는 구루마를 밀고 간다
시간을 다투는 냉기가 밀어주는 도움에
떠밀려 잘도 굴러간다
어제 일은 잊자
사거리 전봇대 밑에서 오가는 사람 많았는데
이웃거리 독한 할매한테 자기영역 침범 했다고
볼떼기 맞았던 창피함은 잊어버리자
어젯밤 꿈이 좋더니
내 영역 황금구역 약방 앞에 쌓인 박스 횡재
어허라 어느 집에 이사라도 왔던가
이건 또
오늘은 집에 갈 때 걸음도 못 걷고
누워 있는 아내가 좋아하는
호떡 몇 개는 사가지고 갈 수 있잖아
“신난다고 전해라” 노래도 한 곡 부르면서

불쌍한 아내
구정을 앞에 두고 보너스라도 탔느냐고 물으려나

박쥐와 낙타

어둠속에서 날개를 퍼덕이며
부지런히 날아요
인연의 고리로 스쳤을 뿐이라도
그대 체온이 내 심장에 그리움되어
똬리를 틀고 어둠 속에 반딧불되어
나를 지켜주고 있소
눈은 멀었지만 그대를 찾아
작열하는 사막으로 내달리면
요단강 만나고 그대와 재회하여
동행할 수 있을까요

나는 박쥐 당신은 낙타
길은 멀어도 그리움은 하나

열쇠

밤늦은 시간에 도착한 현관 앞
아무리 뒤져봐도 없어진 열쇠 꾸러미
어디서 흘렸는지 도무지 생각 없고
딸집 간 가족에게 알려본들 꾸중만 뭉텅이로 들었다
모든 걸 한곳에 걸어둔 열쇠로 당장은 아무것도 할 수 없네
어렵게 깎아 만든 몇 개의 열쇠로 사는 정도가 가량되나
한중탕으로 가는 발걸음 따라 온갖 생각 일어나고
스스로 만든 열쇠로 갇혀 살고 있는 모습이
답답한 가슴을 여는 열쇠
때 묻은 마음을 닦아내는 열쇠
너와 나의 마음을 열게 해주는 열쇠
서로의 마음을 연결시켜주는 열쇠

그런 열쇠는 어디 없을까
답답하기만 하구나

인생은 기하학

친구야
지금 생각해보니 삶이란 기하학과 같은 것 같아
어렵게 공부하던 그것
유크리드 피타고라스로부터
뭇 석학들의 얘기를 오늘에사 생각해본다
당장은 더하고 곱하고 제곱하면 좋고
빼고 나누고 하다보면 남는 게 없어 보이지만 아니잖나
어쩜 빼고 나누고 시그마, 이태그랄, 미적분
그런 게 삶의 맛을 주지 않나
한 치 한 푼도 공짜는 없고
따라 다니는 그 무엇이 있고
애써본들 기하학으로 못 그리는 마음은 또 어찌하고
유독 기학공부 잘 했던 친구야
오늘 따라 돌아가신 '고로' 수학선생님 모습 떠올린다
인생은 기하학
아픔과 고통은 서로 나누면 좋고
시기 질투 갈등 같은 건 빼거나 지우면 좋고
너무 더하거나 제곱 좋아하다 보면 급체하고
그렇다고 덧셈 안하면 늙어 설움 받지
친구야 우리 서로의 마음일랑 무한대나
이태그랄 미적분 알지
그것으로 가자고

장터에서

고향 오일장터에 오려거든
눈 내리는 날 오세요

젖은 옷 허전한 마음을
술로 대우고 씻어내게

대종천(大鐘川) 숲길 따라 십여 리 걸어
다달은 장터 한켠에

월남전(越南戰) 참전전우들 얼굴 맞대고
정글 기면서 작전하던 우리들 얘기 속에
쌓였던 갈등이 녹아나잖아

어차피 오려면 시계는 풀어놓고
싸야할 물건은 인편(人便)에 부치고 오시게

흥겨운 정담(情談) 속에 물 같은 시류(時流)야
잊어버리는 것이 좋지 않겠나

한탄강(漢灘江)

큰 여울이 탄성 지르며 흐른다
동족상잔의 아픔을 품은 채로 굽이굽이 돌고 돈다
평강공주의 애절한 가야금소리도 머금고
장졸들의 말발굽소리 뒤로
전차, 화포 온갖 전음(戰音)이 뒤를 따르고
장렬히 전사한 못다 핀 탄성과 애절함을 간직한 채
묵묵히 흐른다
길게도 흘러내려 임진(臨津)으로 합류할 때
수많은 골짜기[谷]와 여울[川]이 웃으며 화답한다
변화무쌍한 풍광과 현무암 협곡은 역사를 대변하고
백마고지 앞으로 노동당사 월정역 고석정(孤石亭) 승일교(昇日橋)가 우리를 일깨운다
월정리(月井里) 거쳐 철마가 달리고
동포가 자유스레 왕래할 때에
한탄(恨歎)이 아름다운 추억으로 승화되리니
그날을 위하여 간직하자
한탄강이 주는 고귀한 역사의 현장을

큰 여울이여!
모든 슬픔, 고난, 역경을 모두 씻어
머얼리 대해(大海)로 날려 보내다오
민족의 웅대한 꿈 이루고 한바탕 잔치나 하게

9통 3반

답십리 9통 3반에 살던 이웃 우연히 만나
연안부두 선술집에서 마주앉아 이야기꽃이 만발하네
홍분으로 마음 실어 오가는 술잔
맛깔스런 술맛 함께 나누어 마시네
떠도는 인생,
이 사람아 다 그런 거잖아
누구나의 마음속에 덩달아 모락모락 피어나는
내 고향 남쪽바다
어릴 적 꿈꾸었던 나만의 약속이여
바닷가 모래성같이 무너져 버렸지만
어쩌겠나 이 사람아
술잔 속의 9통 3반 모습만 보지 말고 한 잔하세
미래에 펼쳐질 이야기도 나누며
흥겹게 말일세

반월성(半月城)

천년고도 경주, 문화예향 포천
지역은 달라도 웅대한 역사는 다르지 않을 터
묵직한 침묵안고 쉬엄쉬엄 올라
내려다보는 감회는 대장군이나 된 것 같네
반달 모양 웅지 모아 쌓아올려 심혈 바쳐 지켜낸
조상님들의 지혜를 미루어 짐작하고
땅속에서 울려 나오는 진동과 함성으로
역사 속에 숨었던 사연들이 되살아나 잉태하네
버팀목도 중요하나 하나 되었던 마음이 소중한 것
우리도 본받아 뭔가를 만들어 보세나

남산과 청성산에 오를 땐 왠지 기분이 좋아라
내가 서있는 위치를 알 것만 같아서

어느 술집에서

술집에 왔다
술객은 술과 싸우고
물고기는 물과 싸우고
인생은 세파와 싸워야 하지

싸우는 것은 삶의 방식
너무 힘겨워 말아요
싸움 않고 사는 것 있던가
어제도 오늘도 내일도 그러할진대
그러니 세상도 흐르고 마음도 흐른다오
싸움이 있어야 결판도 나고
이기고 지는 것은 생각 말게
어떻게 살아가야 하는지
지혜가 더 고귀하다네

아…, 인생아 세월아
이 술잔에 묻혀다오

그땐 정말 몰랐어요

그땐 정말 몰랐어요 월남가면 죽을지 모르기에 가족 만나보고 오라는 휴가 “가지 말라”는 말 대신 “돈 많이 번다”고 좋아하시던 그 말이

그땐 정말 몰랐어요 고동 울리며 떠나는 부산항 뱃전에서 손 흔들고 머리 풀며 “살아오라”는 무리 속에 물끄러미 허공만 쳐다보았던 나 홀로 심정을

그땐 정말 몰랐어요 내 부하 적게 죽이고 고향으로 가게하고 베트콩 많이 죽여 전공세우는 것 밖에는

그땐 정말 몰랐어요 훈장 많이 달고 부산부두에 도착했을 때 큰 방에 걸려 있었던 아들 사진보고 오지 않는다고 울부짖다 돌아가셨다는 아버지 소식만이 기다릴 줄이야

그땐 정말 몰랐어요 살아간다는 건 처한 환경에 최선 다하고 뭐가 진실되고 가치 있는 삶인지 먼저 간 부하, 죽였던 베트콩 모두가 사람이었다는 것을

금주산정에서

산 아래 반야선(般若船)
저 멀리 사바(裟婆)세계가 펼쳐지고
누구라도 배를 타려면 선착장에라도 와야지
초발심(初發心)이라도 있어야 탈 수가 있잖나
좌우현은 청룡과 백호가 호위하고
인도하는 방향 따라 세파 헤치며
망망대해(茫茫大海)를 건너가네
다가가야 하는 피안(彼岸)은 어디인가
풍랑(風浪)은 거세지만
고요 속에 자기 할 일만 열중이라

아! 보인다
저기 미륵부처가 우뚝 서 있잖아
우릴 안내하고 있고
풍경소리 울려 어서 오라 알리네
인생은 뜬 구름 일장춘몽(一場春夢)인가
참선(參禪) 속으로 빠져든다

금룡사에서

금주산 중턱에 걸터앉은 금룡사
웅장한 산세에 포근하게도 둘러싸여
오가는 사람에게 청량한 마음을 선사하네
지혜스님 공덕에 이루지 못할 불사(佛事)있었던가
난공불낙 공사에 정성은 또 얼마였던가
대웅전 뜰에 앉아 사바세계를 내려다본다
이루고 해달라고 관세음보살 찾고
업장소멸, 극락천도 원하면 아미타불, 지장보살 찾고
자식소원 바라면 칠성각 찾고
빠른 효과 바라면 산신각 찾고
내일 위한 일이면 미륵존여래 찾네
제각기 가는 곳은 달라도
잘 되 달라고 소원 비는 것은 같을터
이왕에 하려면 간절하게라도 해야지
기도하려는 마음, 간절한 마음도 중요하나
그렇게 되도록 노력하는 실천이 더욱 중요할터
지나다니는 등산객들도
아스라이 앉아 계신 천불(千佛)과
하늘을 찌르는 미륵불앞에서는 읊조리며 화답하네

모든 사람들이여
소망이루고 행복하소서

청성공원

전망 좋은 벤치에 평퍼짐하게 앉아서
흰 구름 흘러가듯 한 생각 펼쳐본다
조국 위해 몸 던지고 멀리 타국에 가서까지
시키지도 않았는데 애국한다며 거룩했네
이곳에 들어서면 모두들 다있네
노인으로 장정으로 학도병으로 무명으로
정의 위해 목숨 던진 호국영령 모였네
싱그러운 목초 속에 새들도 칭송하네
때때로 쳐주는 타종소리 말릴 수 없고
찾아오는 현남현녀 약수로 대접하네
위대하신 애국지사 호국영령 영원하리
역사 앞에 머리 숙여 많은 생각이 피고진다

성년식을 맞이하여

-포천시 전통 성년식 축시(2015, 5, 23)

간밤에 당신은 온 식구가 내려다보는 틈에도
화사한 미소 지으며 깊은 잠에 들었지요
이제는 일어나라고 엄마는 창(窓)을 열며 깨웠지요
다시 태어나라고
새날이 왔어요
옳고 그름을 스스로 판단하고
사회구성원으로서의 책임과 의무를 자각하며
독립된 인격체로 나아가야 한다고 축하합니다
하늘이 주시는 축복입니다
무겁지만 내 삶의 무게를 담고
가벼운 듯 여기면서 살아가요
결실은 산고(産苦) 뒤에 옥동자(玉童子)낳듯 주어지는 것
최선을 다해 봐요
용광로 같은 열정으로 청운의 꿈을 이루어갑시다
우리 모두 오늘을 되새기며
용기와 희망을 가져봅시다
세상 만물이 그대들을 반기며 맞이하네요
아! 오늘이 바로 그날이네

실타래만 같아라

안개 속에 머금은 생각이야 알 수도 없고
걷히고 펼쳐질 그림은 더욱이나 몰라
흐르는 영욕 속에 획이라도 그으며
세류 속에 나룻배 띄어놓고 한가락 즐겁다
강가의 버드나무 명산에 소나무
길게 뻗어 보이려 마음 다듬질하며 돋우고 있는데

오호라 세상이여
범벅된 마당에서 춤사위나 벌리며
실타래 같은 마음이라도 내보여라
굳어진 세상에 그거라도
깊어가는 밤
아마도 내일은 매듭진 실타래가 풀리리라
소망을 안고 오늘밤이 기울어가네

씀바귀 같은 인생

넘어진 자리마다 자라나 꽃을 피운다
인고(忍苦)없이 피는 꽃도 있던가
쓴맛 보지 않는 인생은 없다
폭풍 뒤에 고요가 찾아들고
고생 뒤에 낙(樂)이 온다고 하지 않았던가

어느 선사(禪師)가 일렀다
이고득락(離苦得樂)과 고진감래(苦盡甘來)가 다 그러하다고
오랜 진통과 몸부림으로 견뎌난 후에라야
온갖 효능으로 몸 바쳐 보시(布施)해주는 삶

쓴 약이 몸에 좋다는 교훈을 새겨주며
어려운 세파 (世波) 속에 굽히지 말고 도전하라고
초야에 펼쳐 앉아 우리를 일깨우네

어느 절터

아직은 추위가 남아있는 지장산 중턱 옛 산사
상서롭고 서기어린 이곳을 찾아왔네

빛바랜 기왓장 조각
주춧돌이 뒹굴고
낙엽들이 굴러다니며
유명선사 심었다는 향나무는 나목(裸木)되어 홀로 섰고
하늘에는 구름조각이 저만치 흘러가네
영가 영혼 달래고
업보지은이 참회시켜주며
극락천도 찾아주었나
목탁소리 염불기도 알 것만 같아
흥망성쇠(興亡盛衰) 다 그런가
인생역정도 그렇다 했던가
보이는 것은 그것뿐이라도
머금은 의포(意包)는 말로는 다 못해

환몽(幻夢)으로 재생시켜 오늘을 음미하세
삶의 역사도 다를 바 없어라

걸음마

\- 포천문예대학 12기 수강을 마치며

촌음(寸陰)에 문우(文友)들과 어울려
많은 것이 스쳐 지나가네

열하(熱河)가 그러하고
한시(漢詩)의 깊고도 구수한 은근미와
시(詩)란 것이 아름다움을 창조하고
인생을 노래한다는 것
애쓰고 다듬는 그분들 계셨기에
쉽게 꽃 피울 수도 있었지
숱한 여행 가보았지만
문학기행! 이렇게 값진 건 처음이야

이제 시작한 걸음마인 나
모든 게 금싸라기로 마음바구니에 담고
외롭지 않게 나아가리라

미륵부처

금주산 중턱허리 낭간에 장엄하게도 서있네
폭우 폭설 쏟아지고 요란했던 천둥에
밑받침 토석 하나둘 빠져나가 위험한 줄 아는가
육중한 무게 버티려면 토대가 굳건해야 하건만
그냥두면 무너질 판 어쩌나!
하던 공부 몰두하던 참선기도 멈추고 묵상에 들었다
골짜기 헤매어 돌 주워 모으고
시멘트 백 포 뜯어 봉지로 나누고 배낭으로
개미 짐 나르듯 산중턱까지 오르락내리락 몇 번이었던가
양손에 물통 들고 퍼 올려 준비는 되었건만
공사 제대로 해본 경험 없이 어쩌나
부처님 앞에서 발원기도를 했다네
산위에서 내려올 물줄기 돌린 후에
석축하고 시멘트 혼합하여 튼튼하게 보강했네
찌는 듯한 한해 여름 삼복더위 어떻게 갔는지
벌써 가을의 문턱이네
자기를 잊어버리고 무엇에 몰두할 때가 가장 행복하다 했던가
살아오면서 참된 공부, 보시공덕 한번은 똑바로 해봤네
내세(來世)에 오신다는 용화교주시여
빨리 오셔서 안락세계 펼치소서

2부
눈물 나는 날

꿈

어린 시절 고향 뒷동산에 올라
떠가는 뭉게구름 쳐다보며 다짐했던 맹세가
그대를 새기는 나의 웅대한 소망(所望)이었습니다

희비애락(喜悲哀樂) 속의 긴 인생 여정에
참고 견뎌온 각고(刻苦)의 세월도
그대가 있었기에 가능했습니다

애쓴 보람도 없이 반 토막으로 동강났을지라도
실망하거나 좌절하지 않은 것은
그대가 주는 보람과 가치, 칭찬 때문입니다
"최선을 다한 것이 아름답다"고

뒤돌아보지 말고 남은 인생을
어떻게라도 의미 있게 살아야 할 용기도
그대를 의지해 살아온 값어치와
각자의 꿈이 전체를 꽃 피우고
밝은 사회로 나아간다는 것을 알기 때문입니다

부처가 따로 없다

부모님
가난하고 약한 사람
온갖 축생(畜生)[3]
머리 위에 나는 새
발밑의 벌레
우주천지 모든 것이 다 부처라네

잘 섬기고 보호하는 것이
참 믿음, 참 불공(佛供)이라오

자기 욕심에 사로잡혀 분별없이 날뛰는 이들이여
부질없는 욕심 버리고 영원한 구원의 종소리 들으소서

추위가 뼈에 한번 사무치지 않고
어찌 코를 찌르는 매화향기 얻을 수 있겠소

맑은 하늘 둥근 달빛 속에 쌍쌍이 날아가는
기러기 소리가 우리를 축복하네

평화와 자유의 메아리
우주에 넘쳐흐르네

---

3) 사람이 기르는 온갖 짐승

끊어지고 이어가는 줄

절망만 있는 것은 아니다
탯줄은 끊어야 하고
잘못된 인연은 끊을수록 좋다
때론 끊어야 새로움이 태동되고
무대가 펼쳐진다

줄은 이어지는 것이 좋을 듯싶다
이웃으로 세계로 거미줄같이 뻗고 얽어
마음을 넓혀나가 삶의 공동체를 만들자

모순과 대립의 변증법(辨證法) 원리 따라
줄은 끊어지고 이어가고
조화 속에 점진적 발전으로
소망과 비전을 이루어 가세나

눈물 나는 날 · 1

사랑해서 눈물 나는 날에는
흘러가는 물을 물끄러미 바라보아라

여울지다가 부딪치고 물방울이라도 튕기면
소스라치게 놀라는 바람처럼
크고 적은 파문은 꼬리를 문다네

그리워서 눈물 나는 날에는
못다 그려낸 그 마음을
흘러가는 구름에라도 실어버려
구름이 곱게라도 그려줄지 아나

보고파 눈물 나는 날에는
야밤에 반짝이는 별들을 바라보며
사랑의 시(詩)를 써라

밤새워 써 봐도 끝이야 없겠지만
별들의 속삭임으로 달래주는 답시(答詩)가 있고
그대의 아름다움을 합창하면서
노래해줄 테니

눈물 나는 날 · 2

그리워 눈물 나는 날에는
애당초 그리지를 말아라
허공을 쳐다보며 흘러가는 구름이라도 봐라
구름이 그대 가슴에 멋진 그림을 그려줄 테니

사랑해서 눈물 나는 날에는
자신을 돌아봐라
다른 사람 사랑도 아름답지만
자기를 사랑해본 적이 얼마였던가

보고파 눈물 나는 날에는
미움도 곁들어 보아라
허탈이 조금이라도 희석(稀釋)되잖나

후회하면서도 눈물이 나던가
그건 어쩜 진정하고도 고귀한 눈물이 아니던가

닭똥 같은 눈물이 나는 날에는
분명 염불 불공 참선 기도하는 중일 테니까

나의 삶 나의 인생

무시로 울어대는 무현금 소리에 소스라치게 놀란다
시지포스의 장난은 피해갈 수 있을지언정
흐르는 삶의 여정은 벗어날 수 없는 것
시나브로 가슴 저미고 돌부처도 분간 못한 인생을
이제와 부사리처럼 쳐대 봤자 어쩌려고
아픔을 간직한 채 멍들어있다고
한 세상 달려온 나에게 매듭지을 말 묻는다면
결실도 중요하지만 최선 다한 과정이 중요하며
아직은 할 일도 많고 실망하기엔 너무 이르다고
난 그렇게 살고 싶어
흘러온 세월의 의미도 되씹어보고
오랜 기억 되살려 남아있는 보석도 찾아볼 거야
한바탕 떠들다 소리 없이 가버린 문우도 되고
더불어 어울리는 숲속으로 달려갈래
내가 주인이 되고 마음의 의지처가 되며
스스로 길을 밝혀 서로 나누며
진리를 거울삼아 바르게 살래
결실의 만추에 바쁘게 내일을 준비하는
만물의 소망을 담아

달력

일 따라 인연 따라 매겨보고 눈길가고
달아보는 저울같이 마음추만 바쁘네

한 치 한 푼 기울이면 손해본다
어김없이 흐르는 일일(日日)이 뒷면에

말없이 서있는 장승백이 혼백아
무심히 있지 말고 말이나 해보렴

보이는 건 하나여도 점으로 범벅되는 투영
다가오는 을미청양(乙未青羊) 다짐이나 해보자

더불어 사는 인생

한 올 한 매듭 잘 엮어가며
그물망을 짜내려 간다
한 치의 오차 없이
정성이 담길수록
더 좋은 그물망이 되듯이

내 인생살이도 그래야지
내가 그려온 궤적은 날줄인양 삶의 올로 삼고
다른 사람에게 상처 준 아픔은 씨줄인양 삶의 매듭으로 삼아
멋들어진 그물망을 만들듯이

내 삶도 그래야지
더불어 다 같이 살아가야지
올과 매듭 잘 조화시켜 가며
아름답게 엮어 나가야지
그물망 엮거나
베틀 짜는 아낙네 같은 정성으로

벽(壁)

1.
웬 벽이 그리 많나
역사가 만들었고 사람들이 스스로 만들었고
철조망으로 돌담으로 마음으로
인종과 종교, 세대와 계층
지역과 기득권, 가진 자와 없는 자
갈등과 미움

2.
헤아릴 수 없는 벽 속에 살아오면서
재주 좋게 잘도 넘어오긴 했는데
너무나도 많다
무서움이 엄습한다
하늘은 아는지 무심한 구름은 자유로이 넘나들고
강은 아는지 유유히 흐르는 물은 말이 없다

3.
제일 무서운 벽만 지혜롭게 넘자
그래왔듯이 적은 것들은 넘어봤지 않았던가
병신(丙申) 새해에는 마음의 벽은 쌓지를 말아야지
낮추고 내어주고 관용과 포용으로
너그럽게 받아들이자

4.
수많은 벽은 내 마음으로부터 시작되고
결국은 내가 짊어져야 할 짐이고 몫이 아니었던가
대화와 나눔으로 부딪치는 벽을 허물자
세상은 넓어지고 행복이 다가오리니

마음 다스리기

믿음은 공덕의 어머니이고 깨달음의 근본
신심(信心)은 미혹(迷惑)을 끊고 탐진치(貪瞋癡)의 흐름에서 벗어나게 한다
어둠에서 한 걸음만 더 나아가라
자기마음을 잘 살펴 한순간이라도 놓아버리지 마세나
고요해야 살필 수 있지 요동치면 보이겠나
집착을 벗어나야 고통에서 멀어질 수 있잖아
지혜 없이 닦는다 하면 모래 쪄서 밥 짓는 것과 같아
한 생각 금방이니 열심히 공부하세
맹구우목(盲龜遇木) 좋은 기회 또 언제 오려나
참고 견디고 기다릴 줄 아는 사람되어
원망이나 미움을 갖지 말게나
참회하고 마음비워라
어디에고 머무는 바 없는 걸림 없는
마음을 내어라(應無所住 而生其心)

무엇을 얻고자하면

명예를 얻고자하면 계율을 잘 지키고
재물을 얻으려면 보시(布施)를 잘 하라
복덕을 갖추고자 하면 진실된 삶을 살고
좋은 벗을 얻고자 하면 은혜를 베풀어라

그러면 어떤 사람이 좋은 친구입니까
나의 그릇됨을 멈추게 할 수 있는 사람이고
모든 사람에게 해를 끼치지 않고
이익을 함께 나누고 행동을 같이 하는 사람이며
자비심(慈悲心)이 있는 사람입니다

그러면 자비심이란 무엇입니까
남의 이익을 함께 기뻐해주고
남의 잘못을 근심해주며 칭찬할 줄 알고
남의 악행(惡行)도 포용하고 타일러 주며
용기를 북돋아주는 마음을 말합니다

그러고 보니 쉬운 것은 하나도 없네요
암, 그렇고 말고요

마음속에 담은 숫자

0. 천석 대농, 명문대가 태어나 그땐 남들도 부러워했고
9. 아홉 가지가 좋다는 고향 경주 구길(九吉) 문무왕 잠든 곳
   명산대천에서 살았죠
11. 초등학교 사학년, 열한 살에 엄마 잃고
12. 12명밖에 안 되는 조용한 시골학교에서 유년을 보냈습니다
23. 농사나 짓자고 붙잡는 애원 뿌리치고 처음으로 기차도 보고
   전깃불 밑에서 자취하면서 졸업한 중학교 기수였죠
   그땐 엄마 없는 서러움과 배고파 울기도 많이 했지요
25. 돈 안 든다고 홀로 단신 찾아가 졸업한 육군사관학교
35. 그 덕에 전후방으로, 월남으로, 길게도 버텼던 군생활이었네요
   결국 ★을 다는 장군의 소망을 이루지 못한 채 전역했으니
   죽어서 부모님은 어찌 뵈올지…
45. 나는야 해방둥이 45년생, 유명하다는 명문 경북고 기수
8. 팔자에 있었는지, 문학이 뭔지도 모르고 들어선 길 두려움이
   있어요
0. 앞으로 어떻게 될지는 나도 몰라
   나이 먹어 가는 게 두렵고 안타깝기만 하네요
   그래도 그냥 죽을 수는 없잖아요
   "공부하다 죽으라"고 한 어느 선사(禪師)님 말씀을 새겨봅니다
1. 결국은 하나로 돌아온다고 했는데요
   그 하나가 뭘까요

말

너무 막말했나
가깝다고 그랬는데
너무 쉽게 말해 버렸나
격식 차려 하려하면 아무 얘기도 못해
아무 얘기를 함부로 지껄였나
그래도 그 사람은 부담 없고 가깝다고

내 주장만 관철시키려고
내가 너무 크게 말했나
다행이네
거짓 아니고 과장되게 꾸미지 않았으니
이간질 아니고 욕설은 아니었잖아

답답해
말이 말 되어 말도 많네
침묵 속에는 속만 타고
조잘거리는 나누는 가운데 정을 느끼며
참세 뱁새도 좋을 때도 있다고

침묵이 금이라지
도(道)에 이르려면 묵언(默言)을 해야 한다는데
참 힘들고 말고

무엇인고

혜능[4] 신수[5] 어디가고 산사(山寺)만 조용하냐
말 많은 세파 속에 구름만 흘러가네
무리 쫓던 허상은 그대로 있는데
해매는 뭇사람 허공만 쳐다보네
옮기는 이 명주실이 끈인 줄 몰라도
흐르는 뜬구름 흘러가게 나둬야지
어느 것이 옳다고 읊조려 보아도
가만히 있어야 말이나 하지
변덕스런 무상이 허탈만 쥐어주네
"할"하고 소리 지르고 한방 친다고 답하나
옛날이나 지금이나 맥락은 같은 것
밝아진 것 많은 세상 해답은 어드매

은혜로운 삶은 진정 무엇인가
메아리 울려봐야 대답하는 이 없구나

---

4) 혜능 : 중국 당나라 시대의 승려. 혜능은 동아시아 선불교의 대표적 계통으로 발전한 남종선을 창시했다.

5) 신수 : 중국 당나라 시대의 승려. 보리달마를 시조로 하는 선종의 6대조이며 북종선의 실질적인 창시자이다.

견성(見性)

강바람은 만고에 나부끼고
산 위 저 달은 천추에 빛나네
만고의 천추객이 몇 번이나
풍월루(風月樓)에 올랐던가
태어나면 기뻐하고 죽으면 슬퍼하니
모두가 뜬구름이여라
무엇을 기뻐하며
무엇을 슬퍼하리
법(法)이란 나지도 않고 멸하지도 않으며
진실한 실체는 없다네

그 모습을 보고 무상(無常)한 뜻 알면
그것 일러 견성(見性)이라 한다네

갈등(葛藤)

바닷가 모래사장에 앉아
지척거리 바위섬을 바라본다
어라! 웬 파도가 오늘따라 거칠구나
분명 봄인데도 궂은 날씨 때문인가
살면서 부딪힌 갈등(葛藤)도 그러했던가
쳐다보는 마음이 자꾸만 어지럽네
생겼다가 서로 부딪치기도 하고
큰 놈은 이리로 다가오다가 잔잔히
점멸(點滅)되기도 하구나
피할 수도 없잖아!
태풍이 지나가면 풍어(豊漁) 이루고
해수(海水)를 정화(淨化)시켜준다 하지 않았던가
파도를 관조(觀照)하며 시를 노래하여라
그러면서 잠재워버려라
어느새 파도 잠들고 수평선 위로 어둠이 밀려온다
어느 선사(禪師) 일렀던가
일상(日常)이 도(道)이라고

흥겨운 기분으로 집에나 가자
오늘 밤에는 맛있게 밥 먹고
깊은 잠이나 푹 자야지

관계(關係)

주관을 부정하고 객관을 살리듯
나를 비우고 상대를 인정하면
세상은 더 없이 아름답다
천진난만한 어린아이 보듯하다
남을 부정하고 나를 내세우면 일인 독제이다
나라에는 임금 한 사람만이 있고
절에는 주지 혼자이다
둘 다 부정하면 너는 너고 나는 나다
각자 유아독존이다
둘 다 인정하면 각자위치에서
최선을 다하는 격이다

모든 것이 관계 속에서
살기 마련이어라

그대는

그대는 이런 사람이면 좋겠습니다
내가 외롭거나 괴로워할 때는
내 마음 달래며 가족이 있고
친구가 있고 전우가 있는데 왜 외로우냐고 달래주면 좋겠습니다
내가 감언이설에 속아 사기 당하고 허탈해 하고 있을 때
건강을 잃는 것보다는 낫다고 용기주면 좋겠습니다
내가 살다 기쁜 일 있을 때 벅찬 가슴으로 마주보며
활짝 웃어주는 동반자가 되어주면 좋겠습니다
내가 지나온 삶을 잘못 살았다고
실망하고 가슴 아파하면
인생 마무리나 잘 하자고 달래주면 좋겠습니다
그리고 아직은 기쁜 날도 많이 있을 거라고 해주세요
당신은 나에게 소중한 사람
당신이 만약에 그렇다면 나도 그렇게 되도록 노력할게요

사랑해요! 힘내세요
당신은 나의 영원한 동반자입니다

득도(得道)

네 집에 대문 없다고 마음대로 들락거려
오가는 건 자유지만 실타래처럼 얽혀
풀려면 고달프고 놓기란 아깝고
가는 김에 속 시원히 끝이나 봐야지
관세음 만나려 산 넘고 강 건너
어연 몇 달지나 몇 날 이런가
관세음 친견하면 공부성취 된다고
선현도인 귀언 듣고 해매기를 얼만가
몽중 속에 웬 말이냐 어머님이 관세음보살
해골바가지 물마시고 걸음 돌린 원효대사
사립문 앞에 두고 외쳐댄 어머니
삭풍인가 목소린가 알아차린 어머니
헤쳐진 가슴으로 신발은 거꾸로
이것이 무엇인가 관세음보살 여기계시네
멍하니 쳐다보다 읊조리며 예배하다가 조금은 알았네
도(道)란 평상 속에 있다는 것을

똥

산사(山寺) 해우소(解憂所)에 앉아
생각에 잠긴다
모든 걸 삭히고 녹여 영양을 주고
건강 주며 키워서 길러준다
필요 없다 버려도 만물을 싹티우고
거름이 되어준다
죽을 때까지 최선을 다한다
누구에게나 몸 안에 다 갖고 산다
지니고 다니면서 잊고 산다
더럽다, 냄새난다, 똥 같다고 한다

똥 같이, 인간도 살면서
자기도 이익되고 남에게도 이익 되어라
살아서도 죽어서도 보탬되는 존재가 되기를

3부
애모의 편지

애모의 편지 · 1

달 훤히 비추고 별 쏟아지는 밤이면
난 사랑의 편지를 쓰네
안기고 싶었던 어머니 품속
열셋 어린 나이에 떠나보내고
둥지를 잃어버린 새처럼
거친 세상을 헤매던 쓰라린 마음을
편지를 쓰며 풀어보네
늦가을 지나 소설에
흐르는 세월 속에 묻혀있던 사연들
너그러운 마음으로 거두시고
어미를 그리는 고독한 자식에게
당신의 포근한 자비 베푸소서

사진 한 장 남기지 않고
떠나신 어머님을 마음속에 그리며
오늘따라 솟아나는 애틋한 마음
편지 한 장에 보낸다오

애모의 편지 · 2

엄마, 지금 늦가을이다 고집 센 우리 엄마
그땐 한가위도 이틀밖에 안남아 온 동네가 축제무드에 접어들어 들뜬 분위기
오일장에 가서 신발도 싸고 음식 만드느라 냄새가 여기저기 퍼지고
엄마는 온 식구 온 가문 온 동네 사람들이 애타게 말리는데도 여행가야 한다고
그것 봐, 그때 잘 못했지, 이젠 오려 해도 안 되지?

엄마, 스산한 늦가을 오늘따라 엄마가 보고 싶고
느껴보지도 못했던 엄마 품속이 그립네
별이 쏟아지는 호젓한 밤이면 넓은 보자기로 받고 싶은 한없는 어머니의 마음을

해방 후 면장이라는 가문의 셋째 딸이 우리 천석꾼 집안에 시집올 때 요란도 했었지
세월 흘러 어느 날 밭에 갔다 오셔서 아프다하신 후 그것이 이별로 이어질 줄이야…

어머니,
그때 나는 그것이 모자지간 정 떼는 줄도 모르고,
학교 갔다 들어서는 골목길이 왜 그렇게 무섭고 싫었던지

달포 전만해도 그렇게 해맑고 환한 웃음 지우시던 얼굴
난 겨우 11살의 초등학교 4학년 꼬마…
동생들은 무슨 잔치나 하는 줄로 아는지
무심도 했지 운명이 정해져 있었나…

하염없이 눈물 흘리며 이른 새벽
치마 품속에 나를 숨겨 가면서 앞산 절에 기도 다녔던
추억, 어떻게라도 책 한 권 사주려고
비가 조금이라도 오는 장날이면 오면 못 오는 버스 차부에 부탁하던 어머님
그 덕에 난 소위 일류 명문학교, 멋진 직업도 가져봤잖아요
고마웠어요, 어머니

큰누나는 엄마 가시고 정말로 고생했어요
결혼해놓고도 엄마노릇 대신한다고 시댁으로 몇 년간 못 갔어요
가실 때 놓고 간 석 달된 그놈 애송이 살려보려고 온 동네로 젖동냥을 다녔고
정말이지 온갖 노력 다 해봤어요
결국 그놈 묻고 소쿠리 덮어 돌 얹고 뒤돌아서는 아픔도 겪었어요
큰 누나는 그때 업보를 받았는지 지금은 큰소리치며 살고 있다오

참으로 짧은 세월에 역사도 많이 흘렀네요
둘째 누나도, 셋째 매형도, 동생도 떠나고…
그러고 보니 엄마 뱃속에서 나온 우리 형제들
너무나 상처를 많이 받았네
엄마가 거두어간 거지, 그렇지, 엄마 옆에 있지?

엄마, 그래도 큰아들이 최고지
이렇게 편지 써서 보내니…

동생 생각

구들장 지고 누운
공허한 마음 한켠에

문득 한 생각 꼬치면
꼬리 물고 일어나는 사람아

한(恨)으로 시작하여 후회로 점철(點綴)되고
그럴라치면 다정다감(多情多感) 하게라도 해줄 걸

객지생활로 자주 만나지도 못 했건만
만나면 사소한 일로 언쟁만 높아졌지

지우려 해도 가슴속에서 다시 피어나
너무 일찍 가버린 동생 생각은

해 달 가고
봄 여름 가을 가지만

겨울에도 피어나네
가셔도 가신 게 아녀

스님의 길로 떠난 동생을 그리며

정대스님 보고 싶소
소슬한 바람 한바탕 지나고
맑아진 천지 그대 보는 것 같소
세월은 강물처럼 흘러
벌써 두해나 지나고 고향마을
개 떠난 먼 산 바라보며
긴 하루 보내는 어머니
오늘도 그대를 허공에서 그리는데
속세 떠난 스님은 보이지 않소
재수 씨와 손자손녀는
아픈 마음을 무사기도로 달래고
이왕 들어선 문을 어찌 하겠소
득도하기만 기원할 뿐
정대스님, 그대 믿어 의심하지 않소
그래도 묵언(默言)이 좋을 듯
가문의 영광이란 속세의 말도 삼가하고
인연 따라 왔다가 가는 인생이라지만
가슴이 아파지는 건 어찌할 수 없구료
하지만 이미 들어선 득도의 길 묵묵히 걸어
세상 불쌍한 민중들의 구원을 위해
큰 뜻이나 펼쳐주기 바라오

아들

농사짓는다고 함께하는 노동보다
농사짓는 방법을 가르치라는 전언(傳言)
공부는 할 때 해야 한다고 용기 내어 보낸 호주유학
팔년간 공부시키는라 전심전력 투자했네
유공자녀 취업특혜로 안정된 직업이 좋다고 아무리 권장해도
자기 갈길 가겠다고 굽히지를 않았지
사업한다 해도 자금대줄 수 없고
결혼시키려 해도 도와줄 수가 없다
안타깝기만 하다
없는 집안에 너무 크게 벌렸나
태어날 때 짝 만나 결혼하고 자식 얻어
웬만큼 살 권리는 갖고 나오질 않나
마흔 숫자 다가오니 저리 홀로 있으니 안타깝기만 하네

이제나 저제나 부모로서 할 수 있는 것은
부처님에게 빌어보는 수밖에

아내

그땐 무거웠어도 업고
방안을 몇 바퀴나 돌았는데
어느 날 업어보니 군대시절 배낭 멘 것 같이 가볍다
잘 때 내려다보면 숨 쉬는 것도 어려워하고
아픈 데도 하나씩 늘어만 가며
잘하던 요리솜씨도 멀어져만 간다
너무 혹사시켰나
무리하게 달리다 끝인 지점에서 지져버린 마라토너 같다

그리워하면서 사는
고독한 노년의 슬픔쯤이야
참는다 할지라도
내가 먼저 죽어야지
아파하고 고통스러워하는 모습 어찌 보려고

여보, 일어나봐
우리 다시 힘을 내보자구

아무도 모를 거예요

아무도 모를 거예요
초등학교 삼학년 어린 나이에 어머니 잃었을 때
그 청천벽력을 아무도 모를 거예요

고향 버리고 어린나이 혈혈단신에
객지 나와 먹을 것 없고 입을 것 없이
밤낮으로 '어떻게 해야지'에만 매달려
하루하루 살던 때를 아무도 모를 거예요

사는 것조차 힘들면서도 공부는 지기 싫었지
교과서 외에는 아무 것도 읽을 것 없는 공부가
얼마나 어려운지는 아무도 모를 거예요

돈 없다고 농사지으라 하는 아버지 말씀 뿌리치고
고향 등질 때의 허탈한
나의 마음을 아무도 모를 거예요

공부할 땐 우등 안 해본 적 없고
힘들다는 경력 쌓으려고 심혈(心血) 혼열(魂熱) 다 바치고
훈표창 많이 받아 온갖 조건 갖췄건만
별 달지 못하고 배반당한 심정을 아무도 모를 거예요

한평생 정성심어 살아온 모든 역정을
한두 사람의 삿된 욕심에 물거품 될 줄은
아무도 몰랐으면 좋겠어요

친척 친구 멀리하고 세파와 떨어져 산속 암자에서
마음공부하면서 살고 싶었던 나의 심정을
아무도 모르는 게 좋겠어요

체념하고 버리고 고독과 싸우며
새롭게 살아보려 추스르는 힘든 세월
아무도 모를 거예요
무엇이 바른 것인지는 아직도 나는 몰라요

어머니

택호는 어일댁, 면장의 둘째딸
천석가(千石家) 둘째아들 아버지 만나
아들 귀한 가문에 귀한 대접 받아보려
온갖 노력 정성들여 자신 잊고 살았다네
멋 부리기 좋아하고 화투마작 남봉 서방
마음 상처 받아도 표정 하나 안 짓고
속으로 삭이면서 병들어 갔었나
갖고 온 불심을 온 동네 퍼뜨리고
찾아오는 거지 이웃 베푸시는 정감
화사하게 맞이하며 퍼준 곡식 얼마인가
느닷없이 빨갱이 덮치면 치마 속에 자식 숨겨
위기 넘겨 자식 살린 지혜
하늘도 아는지 자식복은 받았지만
버거운 인생여정 너무 짧아 애통하네
한 알의 밀알이 거둔 열매 너무나 많으니
아는 사람 모두가 칭송하며 그리네

자식 사랑

자식 귀한 집에 시집와서 안으로 장독대
밖으로 산과들, 물가로, 암자로 기도 다니셨던 어머니
산 넘어 육십 리 길
병원으로 황급히 아들업고 가던 산길
가다가 등허리 허전하여 뒤늦게 알고
흘려버린 아들 찾아 뒤돌아 오셨던 어머니
그때 얼마나 놀랬을까
행여 다칠까
어디 가서 무얼 하고 있을까 생각 끊어지면 가슴 졸이고
놀라는 대는 익숙했던 어머니
남편, 자식에게 다 내어주고
빈 그릇 들고 앉은 밥상머리에서도
한 번의 서글픔도 없이
아버지 자식 데리고 논밭으로 가려하면
자식 공부하게 시키려고 대신 나섰던 어머니
훈계라도 할라치면
자기부터 울면서 매를 들고
내가 해드린 게 뭐가 있나
거꾸로 가는 세류 속으로 파고들어

달도 따고 별을 따서 한 사발 술잔에 담아 마시며
어머니 모습 그리며 생각에 젖어본다

잠시 생각해 본다

명문 원주원씨, 드높고 훌륭하신 선조어른 뿌리와 공적 아래
존경하옵는 부모님 마음과 몸을 빌어 태어난 나
무명(無明)의 어두운 마음안고 노력은 하고 살아왔으나
어른 친지 형제 친구 이웃에 부응하지 못한체
허공에 구름가고 바람에 깃발 흔들리듯
무엇이 삶이고 보람이고 값어치 인생인 듯 알지 못한 채 어언 몇 십 년
이제와 돌이켜보니 헛 살은 인생
가족은 멀리 있고 자식은 자기 살기 바쁘고
마음은 허공을 날고 몸은 점점 힘이 없어지고
뭔가는 해야 하는데 고독과 외로움 허전함
홀로 뒹구는 낙엽 같고
어떻게 사는 게 참된 인생이고 마감인지
부처님 의지하고
그분의 생각과 말씀 따라 해보는 게 모든 걸 잊고
내 업도 갚을 수 있는 것인가
정말 힘이 든다 보고 싶다
살면서 인연 맺었던 사람들 모두 소중한데
어떻게 하면 과거 만났던 인연들을 제자리로 돌려놓고
내가 빚진 것 다 갚고 반대로 남한테 사기당한 만큼 보상받고

모든 걸 정리하고 인생을 마감하면 좋을까요
깨달으면 법열(法悅)은 올까요
한 생각 본래의 나의 마음을 찾아가야할 텐데
부처님이시어
억지로 한다고 되는 게 없을 것이고
안다고, 뭐 좀 있다고 그런 것이 아닐까
아상(我相) 인상(人相) 중생상(衆生相) 수자상(壽者相) 없애려고 공부하고 있습니다
부처님 보살님 제왕 오방내외 제신이여
저를 인도하시고 보살펴 주십시오
바람 앞에 촛불마냥 보잘 것 없는 목숨
목숨은 아까워하지 않습니다
거두어 가시려면 그렇게 하십시오
다만 남은 업 갚고 모든 걸 정리하고 없는(空)상태로
본래 온 것 같이 가고 싶습니다
부처님의 깊은 마음 밝혀보고
나로 하여금 모두가 이익되고 편안하고
더불어 회향할 수 있으면 좋겠습니다
사랑하고 존경하고 흠모하는 부처님
저는 부처님을 믿습니다
저를 안내해주시고 길을 열어주십시오
정말 힘듭니다

눈물도 흘리고 참회도 하지만
그런 생각 말고 색착(色着)하지도 말아야 하는데도
공부가 덜 돼서
저를 불쌍히 여기사 도와주세요
감사하고 존망하옵니다
앞으로는 불법승(佛法僧) 삼보를 숭상하고
삶 자체를 온 세상(世上) 온 중생(衆生) 온 법(法)과 같이 하겠습니다
감사하옵니다 귀의하옵니다,
나무석가모니불 나무석가모니불 나무시아본사(是我本師) 석가모니불

정신 차려

옛날 현인(賢人)이 말씀하셨다네
큰 도에 이르는 문이 따로 있는 것이 아니지만
그 길은 천 갈래가 있다네
이 관문을 꿰뚫어야만
천지를 활보하며 홀로 걸을 수 있다네

대도무문(大道無門) 큰 길에는 문이 없다.
천차유로(千差有路) 그렇지만 길은 또한 어디에나 있다.
투득차관(透得此關) 이 관문을 뚫고 나가면
건곤독보(乾坤獨步))온 천하를 당당히 걸으리라 했거늘

소를 타고 왜 소를 찾는가
어리석다
깨진 그릇은 서로 맞추지 못하는 법
분별심(分別心)이 일어날 때는 어묵동정(語默動靜)하게나

평상시의 마음이 도(道)라고 했던가
과거에 집착 말고 미래도 걱정 말고
앞과 뒤 모두 끊고 현재의 마음이나 확실히 붙잡고
자신을 챙겨보세

회상(回想)

높은 산 중턱에 걸터앉은 송림산사(松林山寺)에
올라갈 때 보이지 않던 풍경들이 또렷하게도,
걸터앉은 큰 바위 계곡 아래로 병풍같이 펼쳐지네
깊어만 가는 가을을 물끄러미 받아들이며
고즈넉이 바라만보고 앉았는데,
낙엽 한 잎 일렁거리며 한 소식 알려오네,
망각 속에 흘러온 세월, 그렇게 어렵던가 그 말이

도림선사(道林禪師) 일러준 의미있는 일침(一針)을
"제악막작(諸惡莫作), 중선봉행(衆善奉行)"6)

점점 좁아져오는 나이테 간격만큼이나 마음은 조여 오고,
세파에 떠다니는 소리,
"너, 늙어 봤나! 나는 젊어 봤다."고

파노라마 같이 지나가는 뉘우침 속에 업보(業報) 따라
생로병사(生老病死), 희로애락(喜怒哀樂)이 노랫가락처럼 흘러가고,
때맞추어 잘도 가는 자연섭리 속에 삶의 바퀴도 어김없이 굴러만 가네

---

6) 나쁜 짓 하지 말고 착한 짓 받들어 행하여 그 뜻을 스스로 청정케 한다는 뜻

어디론가 구성지게 울면서 지나가는 이름 모를 산새
지나가고 있는 행각들이여!
참회(懺悔) 적은 삶을 살아 보게나
낙엽 지는 가을 지나면
나는 또 어디로 가야 하나
메아리 울려 들어나 볼까
마지막 가는 길엔 느긋한 마음으로
빙그레 웃을 수 있어야 할 텐데

어머니의 장독대

기와집에 시집와서
뒤란에 애지중지 간직해온 장독대
줄지어 서있던 각양각색의 여섯 항아리
육 남매 태어날 때마다 마음 넣어 장 담구고
출렁거리는 간장에 얼굴 찍어 즐기던 장독대
두 항아리 벌써 깨어지고 세월도 흘렀건만
깨어진 빈자리는 채울 수도 채워지지도 않네
어머님의 한(恨)이 담겼던 장독만 몇 개 남아
사라진 간장 내음만 보내주는가

흔적만 남은 그 자리 바라보니
엄마 얼굴만 아른거린다

효심(孝心)

사람 많이 왕래하는 사거리 귀퉁이
좌판 깔고 야채 파는 백발노인
지나가는 행인에게 말한다
"하나 사주세요"
흘깃흘깃 보아오며 무심코 다니다가
돌아가신 엄마를 생각하면서 지나칠 수가 없다
사주기도 하고 어쩌다 기분 좋게 곡차라도 하면
무릎 꿇고 길바닥에 엎드려 큰절하면서
용돈하시라고 보시(布施)도 하였지
어떤 사람은 나를 돌았다고 하지만
그분은 어쩌다 사귄 친구의 어머니란다

그 친구는 술 먹다 어둑해지면 사정없이 집에 간다
가족을 믿지 못해서가 아니라
자기가 집에 들어와야 어머님이 안심하고
가족도 힘이 나야 어머님을 편안히 모실 거라고
자기부터 잘 모셔야 다른 사람도 잘 해주실 거라고
평범한 얘기 같지만 많은 것을 느끼게 한다
효심이 무엇이냐
어떻게 해야 잘 모시는 것인가
평범한 일상(日常)에서 찾아보자

고향 · 1

언제 다시 몇 번이나 가볼 수 있을지
너무 어린 나이에 떠나온 고향
누구나 가진 향수이겠지만
떠올릴 그리움이 남아있고
마음이 포근해지는 것
그것만으로 행복하네
허우적허우적 살아온 세월
바쁘게 살아온 삶 속에서도
내가 흔들리지 않는 뿌리를 내린 건
고향이 있었기 때문이네
타관에서 겪은 어려운 난관도
홀로 헤쳐 나가야 할 때도
고향이 있어 흔들리지 않았다네
남은 내 삶은 고향의 그리움만큼 아름다우리
여생을 마감할 때도 고향으로 편히 가겠네

오, 고향이여
그대는 나를 낳고 묻어줄
나의 영원한 자궁이네

고향 · 2

언제 어떻게 일지는 모릅니다
몇 번이나 다시 가볼 수 있을지는 나도 모릅니다
너무 어린 나이에 떠나온 고향이라
남들의 그곳과는 정서가 다를 테지만
떠올릴 그리움이 남아있고
마음을 포근하게 만들어 주는 것도
네가 있었다는 것만으로 가능했습니다
어디서 어떻게 살아왔던 세월
바쁘게 사느라 외면했던 삶 속에서도
나를 흔들리지 않게 한 것은
네가 있었다는 것만으로 힘이 되었습니다
객지생활 견디기 어려울 때 난관이 닥치더라도
나 혼자 결심하고 헤쳐 나가야 할 때도
네가 있다는 것만으로도 든든하였습니다
남은 내 삶은 아름다울 것이고

여생을 마감할 때도
네가 있다는 것만으로 편안하게 갈 수 있을 것 같습니다

그곳이 내 고향

삼국통일 위업 이루었지만 못 다한 원(願)
죽어서까지 용(龍)이 되어 왜구침략 막아준다
바다에 묻어 달라고
토함산 끝자락 맞닥들인 바다 속에 문무대왕(文武大王) 계시네
대왕암(大王岩)이라오
지극 효성 신문왕(神文王)이 감은사(感恩寺) 완공하고
용이 된 부왕(父王) 쉬이 왕래 하라고 법당 밑으로 해수로(海水路) 터고
보고파 간절한 효심에 부왕 친견하고자 이견대(利見臺) 짓고 애타하다가
옥대(玉帶)와 만파식적(萬波息笛)을 받았다네
부왕을 잊지 못해 그렇게도 그리워했던가
왜구침략 막으려는 부왕의 뜻을 이으려 했던가
아무래도 애민(愛民)정신의 발로가 아니겠는가
호국정신 물씬 풍기는 멋진 그곳
그곳이 내 고향이라오

내 고향 · 1

파고들어 밀려오는 그리움
다가와 퍼지는 파도소리
가슴으로 스며드는 정감
모락모락 굴뚝 연기 뒤로는 한 폭의 풍경화
연출되는 무대가 오만 것 다 내어주네
나무는 보고 숲은 보지 못하며 허우적거린 여정을
여기서라도 짚어보고 한바탕 웃어나 보자
거미줄 같았던 삶속의 좌판을
세파 속 인연 따라 파도같이 흘러왔네
내 고향 남쪽바다 포용하며 안아주고
어머니 젖가슴같이 포근하게 감사네

내 고향 · 2

위로 하천 옆 숲길 따라 장터가
아래로 물길 따라 바다가 펼쳐지고
내 고향 남쪽 아늑한 산골
메뚜기 뛰노는 황금벌판 휘감아
물 맑은 하천에 멱 감고 고기 잡아 천렵하던 곳
한가로이 쉬고 있는 소떼들 여유롭고
휘영청 늘어진 수양버들 밑에서
낮잠 즐기는 죽마고우 부럽구나
은어낚시 따라가다 바닷가 다다르고
출렁거리는 파도 따라 문무왕도 잠들었네
돌아보는 청운의 꿈을 갈매기 떼가 훼방한다

살아온 인생역정을 망망대해 바라보며
고향화폭에 겹쳐본다

고마운 사람

정말 고마웠어
살아온 것

누구나 할 수 있다지만
함께하고 같이 나누고

공부할 때에는 졸지 말라고
졸면서도 옆에 있어주고

남한테 지지 말라고
외운 것 말해보라고

공부도 원기가 있어야 한다고
주말되면 닭 삶아주고

총명하고 지혜로운 그 사람
내 아내

길

어머님, 껴안으며 당부하시던
먼 길 떠나는 이정표에서
“옆도 뒤도 보지 말고 앞으로만 가거라”

그땐 쭉 뻗은 길
가기만 하면 되겠다 생각했지
말씀 따라 길옆에 핀 꽃
지저귀는 새 소리도 모르는 채 달려갔지
부딪치는 막다른 길에서는 내 스스로 결정했고
청운의 꿈, 어릴 때 뒷동산에서 떠가는 구름에
다짐했던 약속을 새겨가며

멀리도 왔다
희미해져 가는 소망
맥박소리도 가늘어져 가고
그래도 말할 수 있는 건 “쉬지는 않았다”고
얼씨구 뒤늦게 맞닥뜨린 이정표에서
시문학 만나 생기를 주네
다시 추슬러 남은 생을 같이하자
길이 끝나고 짊어진 보자기 내걸 때까지
그땐 아마, 열한 살에 돌아가신 어머니
길을 잘 찾아갔다고 말씀해주시려나

그런 것이었나

가을걷이 끝나고 바람 세게 불던 밤
뒤란 한 모퉁이에서 흘러나오는
아버지의 흐느낌소리를 들었다
돌아가실 때 안방에 걸린 월남 간 아들사진 보며
빨리 오지 않는다 한탄도 했던 아버지의 울음을
뛰쳐나가보니 엄마가 먼저 돌아가시고
흙으로 메워버린 술독 있었던 그 자리
아버지께서 힘들어 하시거나 어깨가 쳐지면
손수 빚은 한 사발 술로 힘을 돋우어주시던
애지중지하시던 어머니의 항아리가 있던 그 자리
새로 맺은 어머니와 잘도 살았었는데
그런 거였어
귀하고 맛 좋았던 술 먹으려
한탄하며 혼귀(魂鬼)가 왔던가
살면서 남모르게 엄마를 그리워했던 것이었나

바람에 스치는 아버지 울음소리
언제 또 들리려나

별

구름 한 점 없는 저 멀리 허공 속에
유난히도 밝은 별 하나
마음속에 나의 별이라고 믿으며
어릴 때 새겨둔 나의 청운의 꿈
험난한 전선지역에서나 이역 멀리 월남 땅에서
고군분투 사투했었지
인연, 재물, 빽 없는 것도 많아
오로지 혼자 힘으로는 너무나 어려워라
톱니바퀴 맞물려 돌다가 삐걱하면 되는 게 없다
열심히만 하면 된다 했지 않았던가
웬 이유가 그렇게도 많은지

세상이 참으로 교활하구나
오늘 밤도 매겨둔 내 별 따다 가슴에 단다

어떤 생각

소등 타고 골짜기 지나 다다른 산허리
숲속으로 소떼 풀어놓고 나면
콩사리 밀사리에 감자 굽고 옥수수 익어
한바탕 배불리고 난 뒤에
이름 모를 묘지 잔디 위에 하늘 보고 눕는다
흘러가는 뭉게구름에 시선 따라
생각도 흘러간다

그때 그렸던 청운의 꿈은 반 토막으로 동강나고
과정은 좋았다고들 한다지만 결과가 없는 걸
불경공부로 자위하려 해도 지워지지 않구나
적당히 갖는 게 무소유 아닌가
부처님도 갖지 말라고는 하지 않았잖나

어쩌겠나
생각 낮추어 살면서 자나 깨나 마음이나 챙겨야지

그랬으면

아우가 물었어요
형이 뭐라고 했게요
넌 아직 아무 것도 모르고
형아, 이젠 나도 형아 맘 조금은 알 것 같아요
사랑과 미움, 용서와 갈등 그런 것들은 잘 몰라도

그런 건 나도 잘은 몰라
그것 말고라도 나눠야 할 말 많잖아
형아!
또 뭔데, 오늘은 곡차나 마시며
내가 시를 한 수 읊을게
형아 마음이 오늘따라 왜 이래
아니야, 뒤늦게 찾아보려는 게지
니는 오늘 따라 왜 그렇게
형아 마음에 응정이라도 하고프냐

그래 아무 말이나 하려무나
흐르는 물 스치는 바람같이
서로 마음이나 실컷 나누어보자꾸나
모처럼 만났는데 곡차나 한 잔하면서

집에 갈 차비나 있나

4부
종달새의 시낭송

입춘에 내리는 비

잠 덜 깬 동토(凍土)에 비가 내린다
세찬 바람에 망가진 살과 혹한에 응고된 피를 데우려
나목(裸木)들도 반신욕(半身浴)을 즐긴다
어떤 놈들은 물 빨아 올리고
땅속에선 벌써 꿈틀거리는 속삭임이 들려온다
이제 나도 긴 겨울잠에서 깨어나
나의 잃어버린 봄을 찾으려 나서야지

비 그치면 텃밭에 나가
봄의 전주곡(前奏曲)을 들어야겠다

경칩이라네

맥박이 들려온다
구르는 소리도 들린다
바라는 마음은 아직 적지만
체온도 오고 숨소리도 들린다
움츠렸던 마음도 털고
쌓였던 때도 닦아내고
슬그머니 거리로 나서 본다
겨울 끝자락에 아쉬움을 보내고
살포시 햇살에 여린 마음을 내밀어본다
여인의 옷고름 풀 듯 은근하게 담아본다
끝날 것 같던 길도 새로 열리고
누가 뭐라 했냐고 흐르는 물길 다시 이어지고
사랑도 그러하리라
정말로 봄은 왔는가
마음의 봄은 언제나 오려나
눈을 떠라
귀를 열어라
코로 맡아라
향그런 생기가 소롯이 피어난다
생명의 자화상이고 나의 분신이다

아이야 나가자 저 들판으로

별과 달이 보챈다

계절은 숨김없이 깊어가고
툇마루에 앉아 무거운 마음의 빗장을 푼다
어제는 쌓인 애증을 함박눈이 가슴 열더니
오늘은 적막 깨우려 낙엽이 골목길을 걷는다
사립문 사이 두고 그대가 청초한 미소로 달님 따라 오더니
바람 따라 잰 걸음으로 멀어져간다
추억은 머물다 떠나버린 바람이련가
상실해 버린 여로이고 장대위에 나부끼는 깃발이련가
머금은 미소로 가버린 당신
망연한 그리움이라도 남겨 둬야지
그놈의 허기진 정을 못 채워
뒹구는 낙엽마냥 길거리 해맨다
내 마음 당신 없는 빈집이면 좋겠다
기다림보다 기다림 채워주는 사람이 되고 싶다

오늘따라 별도 총총하고 달은 더욱 휘영청이다
줏대 없는 바람이 한바탕 지나간다
분명 추억은 머물다 떠나버린 바람일거야

봄이 오는 소리

까치가 짝을 찾고 마음 맞추어
나뭇가지 입에 물고 분주히 다니면
봄이 오고 있다는 기쁜 소식입니다

야위던 햇살이 따사하단 느낌 들고
높은 하늘에 철새들 줄지어 북으로 올라가면
봄이 왔다는 희망의 소리입니다

파란 새싹이 돋아나고 나뭇가지 움이 트며
농부가 손수래 끌고 들로 나와 두렁 손질하면
봄이 맞이하는 생명의 소리입니다

웅크리던 가슴을 헤치고 밖으로 뛰쳐나가
빨라지는 맥박을 감지하며 가슴으로 맞이하면
봄을 노래하는 환희의 소리일 것입니다

때가 왔어요, 이제는 밖으로 나가요
뭔가를 해야 되지 않겠습니까
활기차게 광야로 산천으로 들판으로

벚꽃 피는 사월

누구를 위한 열정인가
웅크렸던 울분을 기쁨으로 승화시키는 듯
일제히 발화하는 그대여
봄의 시작을 알리는
청초하게 눈부신 모습은
티끌 없는 그대 마음이리라
그대 향내 풍기며
하얀 눈꽃이 되어 흩날리는 거리를 거닐면
내 사랑 나래를 펴네
그대 하얀 치마저고리를 바람에 휘날리며
달려와 내 품에 안기면 마음 설레네
시인은 하얀 천사의 아름다움에
감탄하는 그리움의 노래되어
봄바람 타고 그대에게 날아가리

4월 어느 날

번뇌 망상이 번갈아 쑤셔대며
긴 겨울 내 나를 옥죄어 왔습니다

아직은 녹아내리지 않은 마음 한 켠에
한 송이 꽃을 피우려 이토록 따사롭습니까

4월의 봄볕 타고 이렇게라도 몸부림치는 것은
당신이 자리하는 것이기에 소망을 봅니다

만날 때에는 햇볕 같은 마음으로 포근했고
피워내던 꽃을 간직할 수 있었습니다

먼데서 몸부림치는 그리움 속에서도
4월의 햇볕같이 따사한 당신을 봅니다

꽃을 피울 수 있다는 바램이
아지랑이 타고 햇볕으로 쪼여옵니다

종달새의 시낭송

유채꽃 만발한 하천 벌판
종달새들이 시낭송(詩朗誦)을 한다
때론 둥지 속 알과 새끼를 지키느라 어조를 높이고
전달하는 메시지가 뭔지는 몰라도
하모니 이루어 들판으로 번져나가네
감상에 젖어 읊조리는 나의 시(詩)가
맞닥들여 어울리기도 하고
반향(反響)을 일으켜 되돌아오기도 하누나
제발이지 종일토록 아무 의미 없는 시(詩)로
달달 울어재끼는 새는 되지 말거라
울려 퍼지는 종달새의 멋들어진 시낭송(詩朗誦)을 들으며
오늘 따라 고향 산천이 간절하누나

중학시절 어느 봄날에

아지랑이 피어오르고
유채꽃 흔들어대는 강가에
따사한 햇볕안고 졸음을 불러낸다
엄마 잃고 객지 나선지 이 년
먹을 것 입을 것 없어도
견뎌 온 세월은 잠시
외롭고 보고프면 찾아오는 강가에서
아지랑이타고 다가오는 엄마 얼굴
나비로 띄워 보내신 편지 속에
읽어내는 엄마의 숨결과 체온
어느덧 눈가에 방울이 맺혀가고
어루만져주는 모정으로
아지랑이타고 스르르 잠이 온다

진달래

한 송이 꽃을 피우기 위해 엄동설한 견딘 건가
잎도 피기 전에 꽃이 먼저
때 이르면 어김없이 무리지어 뽐내고
그윽한 향기가 봄바람타고 넘실거릴 제
이름 모를 새 지나가며
고웁게 늙어가라 이른다
무엇이 희비애락(喜悲哀樂)이며
무엇으로 값을 매기리
남은 한 세상 너무 저울질 말고
모두가 같이 보고 느끼는
만개된 꽃이 되면 좋겠네
화향(花香) 두견주 영산홍(迎山紅) 고마워서 좋아라

나도 언제나
누구와도 같이 해줄 수 있는
진달래 같이 반가운 벗이 되고 싶다

저물어가는 5월의 노래

그대는 불을 밝히는 등대
산천으로 논밭으로 불러내 뭔가를 해보라고
용기와 생기를 준다
일구어 터전 만들고 온갖 작물을 다투어 심어
꿈의 세계로 안내하는 첨병이어라
그대는 자연을 풍성케 하는 전도사
가끔은 꽃샘추위로 심술을 부리지만
새소리도 불러내고 온갖 생물들 살맛나게 활기를 주며
성장과 결실로 이어가게 바통을 넘겨준다
그대는 예술의 전당을 꾸미는 연출가
만발한 꽃마당 펼쳐내어 설레게 하고
마음마다 영상 남겨 추억을 만들어 내며
시와 노래에 춤사위 곁들어
지천에 수(繡)를 놓는 축제를 펼친다
그대는 자연과 우리들을 인연을 두텁게 이어주는 중매천사(仲媒天使)
서로가 사랑 한다면 언제라도 봄이라는 교훈 남기고
더 머물라고 붙잡은들 떠나실 그대는
분명 계절의 여왕이어라

어느 여름 날

소나기 한 줄기 조약돌 두드리고 지나간 냇가에
내여 놓은 소들도 전생을 음미하듯 묵상에 들고
고기 잡아 천렵하는 개울 넘어 수박밭 원두막엔
고향 떠난 자식들 얼굴이 어른거리고
들판의 벼들은 알알이 여물어간다

포고나무 숲에서 목청 올리며
울어대는 매미 연주 따라
빨간 고추잠자리 춤사위 벌어졌구나
세상모르고 풍덩대는 아이들 쳐다보며
나는 한시름 풀어 놓고 여름 속에 파묻힌다

분재

명당자리 뺏어
멋대로 옮겨와

구불리고 뒤틀고
자르고 조여 묶으며

마음에 안 든다고
난도질하네

이왕에 그랬으면
타고난 명대로나 살게 하지

누가 고단한 삶을 사는지
알기나 하나!
안타까워 물끄러미 쳐다본다

산책길 나팔꽃

하천가 야생풀 사이로 은근히 자태보이고
오가는 산책 행인 운율로 북돋운다

끈질긴 생명력과 다채로운 색깔로
화사하게 웃어주며 기쁨을 노래한다

얼마를 꽃피우고
보고 안보고는 맡겨버리고
보이고 뽐낸다

오늘 하루는 나팔을 불러도 좋을 만큼
저마다 하루가 된다면 좋으련만
발걸음이 마냥 홍겹구나

무더운 어느 여름날에

참 덥다
세상이 덥고 풀리지 않는 숙제도 덥구나

덥고 더운 마음풀이
어이할까 망설여지는데

만났네 모였네
새로 사귄 문우들

금세 애애(靄靄)한[7] 어울림은 화단이 되고
안개 핀 고을을 이루네

우뚝한 스승님과
저마다 향그러운 문우들

한 생각, 정담어린 고향 같아라
오늘은 또 새로운 꽃이 피려니

---

7) 애애(靄靄)한: 분위기가 부드럽고 포근하여 평화로운

연꽃

진흙 속에서도 고운자태 드러내고
이슬 머금은 청초함에 햇살이라도 내려앉으면
야릇한 미소로 화답한다
수줍어할 줄 알며
부드러우면서 강열하해
쳐다보는 마음들을 매만져준다
스치는 바람도 은은한 향기에 길을 잃고
연못 안에서 맴돌며 떠날 줄 모른다
좌절 실망은 무엇이며
번뇌 망상은 또 무엇이련가
은근한 미소로 일깨운다

맴도는 바람 따라 내 마음 해매고
삶의 여정이 연꽃 속으로 스며든다

여름

작열하는 태양
젊음의 표상이여라
흐르는 세월 속에 한 토막에 불과하지만
만물 키우고 욕망가지라 채찍질하면서
뭇 사람 이때를 노려라 일깨운다
이열치열(以熱治熱)의 자연섭리로
자연에 순응하며 피하지 말고 도전하라고
청춘의 소망도 뜨거웠던 열망도
그대 있어 가능했으리
윤회의 긴 여정에
키우고 살찌우고 만물을 생성하게 하는 당신
기회는 잡는 사람의 몫이거니
도전하는 자를 무척이나 좋아하는 당신

정말 멋져요
여름, 당신이!

해바라기

이름 하나 얻으려 멀리도 여행하였다네
먼 옛날 아폴로 사모하여 동생 버리고
아홉 밤낮 목매다가 뿌리를 박았다나
그렇게 애타하면 온다고 했던가
해님 따라 돌기만하면 온다더냐
고흐 고갱이 흐뭇한 미소 지으며 내려다보고
너울 춤추며 오기라도 한단가
뭇 사람 몸 만든다고 그대를 찾는다지
넓은 가슴으로 모든 걸 포용하며
언제라도 웃어주는 화사한 얼굴이 좋아라
임을 향한 그리움
기다릴 줄 아는 끈기야
그대만큼이야 비교할 수 있으리

들꽃

밟혀 쓰러지기도 하고
명찰도 달지 못해 무시당할 지라도
언제나 그때 그 자리 자태 뽐내고
오가는 행인을 향기로 감싸네
요란하고 떼거리 행패 부려야
관심 끌고 대접받는다 하더냐
소리 없이 울부짖는 음율(音律)은
알 수 있는 사람만이 읽는 것
흘러가는 세월 따라
여기는 내 자리 내가 주인일세

가을 문턱에서

간절도 하네 목 놓아 우는 매미소리
계절의 노래인가

계곡 물소리 머금고 멀어져가는 뭉게구름
계절의 그림인가

세파에 시달리는 메아리의 울림이 슬프네
계절의 절규인가

말하지 못 했던 묵은 마음 가슴 속 어디에 있을까
계절의 사연인가

매미소리 멀어져가고 귀두라미 울음소리 가까우니
계절의 파도인가

우리 만나요
이 가을마저 지나면 삐죽하게 손 내미는 독백

세월 가네 마음도 따라 가네
늙어가는 나를 문득 보네

대지의 넋두리

내어줄 것 모든 걸 다 주었고
결코 거짓말도 해본 적도 없잖아
풍요로운 터전도 되어주었고
넉넉한 삶을 영위하도록 창자까지 내주었잖아
하늘 바다 물 바람과 함께
계절을 변화시켜가며
멋진 무대도 만들어 주었잖아
받은 만큼이나 되돌려주지는 못할망정
더럽히고 파헤치며 상처 내어
갈라지고 불이 솟게 하고 황폐시켜 멍들게 하네
자자손손 새 시대 새 생명들은
어쩌려고 이러는지 알 수가 없네
더불어 상생하게 지나온 세월은 그만 두고라도
앞으로나 견디고 지켜 나갈 수 있도록
아끼고 보호해주면 서로가 좋으련만

둥근 마음 주옵소서

올, 추석엔
포동포동 살찌고 풍성한 마음을 주옵소서
금전 문제로
아픈 상처로
소외된 마음으로
살아가는 사람들 마음이라도 열게

올, 추석엔
둥그렇게 모여앉아 마음 나누게 하소서
흩어지고 뭉개지고
위아래 앞뒤도 모르고
갈라지고 찢어졌던 사람들 모여
오해도 풀고 원망도 지워버리게

올, 추석엔
나누는 한 마당 되게 하소서
모나고 살갑고 미워하던 맘들이
실타래처럼 풀리고
둥글게 모여앉아 둥그런 마음으로
옛날 얘기라도 하게

올, 추석엔
소망 하나씩 갖게 하소서
살아가는 게 조금은 힘들더라도
그대 닮아 동그랗게 손에 손 잡고
춤이라도 출 수 있는
내일이 있도록 둥근 마음 주옵소서

결실

뒷동산 양지바른 곳 고즈넉이 앉은 눈 속에
부챗살 같이 펼쳐진 산하(山河)
형형색색 드러낸 결실, 보이는 넉넉한 만심선(滿心船)
누가 뭐라고 했던가!
형상으로만 보면 볼 수 없고 본 것도 아니라고

"이 무엇인고?"
오늘도 화두(話頭)들고 열매 풍성한 만추의 산하를 보네

산고 끝에 낳은 옥동자 보듯,
뿌듯한 마음으로 헤아리는 의미 있는 미소
덩그런 허수아비도 한몫 했다고 살랑거리며 춤추네
거둘 것 많을 때 각고(刻苦)란 값진 것
땀 흘려 애쓰고 노력한 값어치,
뒤돌아보는 회환이 꼬리 물고 일어나네
산다는 것도 그러할 진배없는 것,
그래서 가을이 주는 의미 또한 비할 데 없네

열매같이 익은 마음으로 더불어 서로 나누며,
푸짐한 가을열매 거두듯 돕고 베풀며
넓은 가슴으로 도득거리며
좋은 세상 열어 가보세

만추(晩秋)

화려했던 역사를 뒤로 묻고
살금살금 옷을 벗는다
쌓여져가는 낙엽
발그레하다 못해 빨갛게 물든
여인의 모습으로 다가와
수줍어 달아오른 마음을
멋들어지게 드러낸다
화려하고도 곱다
그냥 보는 것만으로도 행복하다
멀리서 바라보면 멋진 풍경화로 선사하고
속으로 뛰어 들면 마음을 흔들어댄다
때맞춰 내리는 가을비는 여생을 격려하며
걸음을 재촉하라 다그친다

낙엽 지는 숲속에서
기우러져 가는 가을노래를 불러본다

나무

온갖 풍상 엄동설한 느긋하게 잘도 넘겨
바뀌가는 세월 속에 버티기도 잘 하네
기쁨도 고난도 섭리 따라 다스리네
힘 부칠 땐 묵은 가지 스스로 버리고
신세타령이나 원망도 하지 않고
공존하며 서로를 원망할 줄 모르네
한 겹 한 줄 늘리는 나이테만큼이나
나이를 먹어가며 성숙하고
언제나 그곳에 꿋꿋하게 서있네
그쯤의 고난 인내 너그럽게 받아들이고
찾아올 자연섭리 받아드리며 기쁘게 맞이하네
폭풍우 몰아칠 땐 괴로움도 있지만
새소리 바람이 스며들고
달과 별이 내려앉아 속삭이는 기쁨도 있다네
보람보다 고난과 괴로움이 더한 인간의 삶
그대들이 보내는 이심전심의 교훈을 새기며
굳세게 살아야 하리

눈 내리는 날

눈이 내립니다
온천지에 이불 덮듯이 춤사위로 살랑이며
뭇 사연 안고도 말 못하는 심정을 간직한 채
눈이 내립니다
왕방산 위로 먹구름 일고 스산한 바람 스치더니
초저녁부터 함박눈이 내립니다
때론 침묵으로 때론 보란듯이
눈이 내립니다
먼저 간 친구소식 갖고나 오는지
내 가슴은 벌써부터 다듬이질 쳐오고
쌓이는 눈 이불에 소설을 엮어냅니다
나는 대문을 열고 맞이하렵니다
저토록 귀한 손님이 어디 있을까요

내 마음 달래주려
함박눈이 내립니다

오늘

난, 오늘이 좋아요
꽃 찾아 방랑하는 나비처럼
꽃으로 기어드는 벌레들처럼
바람이 두려워 떨고 있는 꽃처럼
슬프다 아프다 두렵다

살아있음을 느낄 수 있는 오늘
파르르 떨리는 긴장으로 맞는 오늘이 난 좋아요

난, 참 좋아요
아무런 그림이 없는 백지로 다가와
알 수 없는 두려움으로
팽팽한 긴장감으로 맞이해야 하는,
하지만 새로운 나만의 역사를 엮어갈 수 있어서
설렘으로 맞을 수 있는 오늘이 좋아요

지난날을 되돌아볼 수 있고
오는 날을 슬쩍 엿볼 수 있으며
조금은 긴장하여 설렘으로 맞을 수 있는 그날

살아있다는 확인만으로도
난 참 좋아요, 오늘이

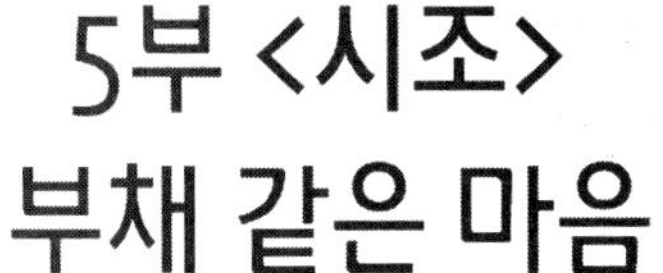

5부 <시조>
부채 같은 마음

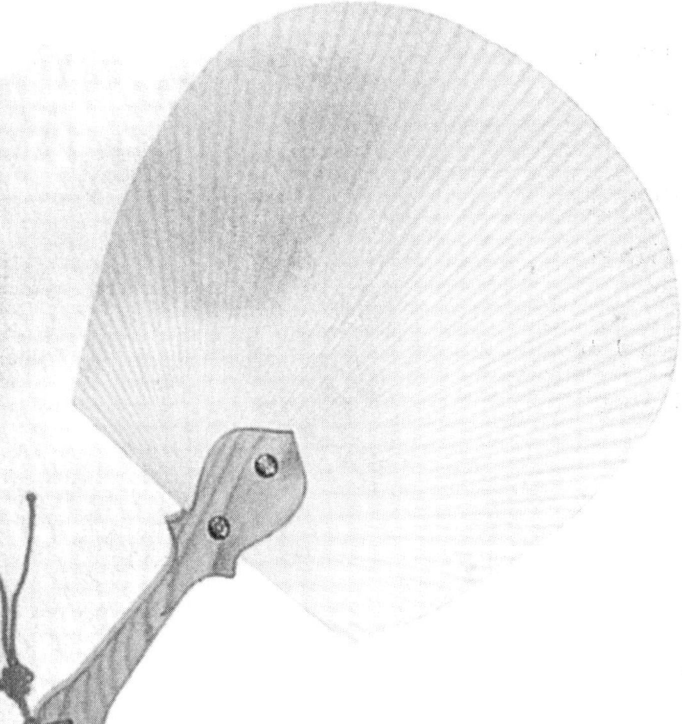

백조(白鳥)도 흔적을 남기는데

내 마음 가는 곳에
그리움 따라가고

그림자 가는 곳엔
홀연히 사라지네

살아온 인연의 고리
어느 때나 끊을지

백조도 앉은 자리
흔적을 남기는데

그대는 어디가고
여운만 남겼느냐

어디로 떠나갔어도
남은 흔적 슬프네

모정(母情)

고왔던 얼굴마저 주름이 늘어가고
짊어진 업보마냥 한평생 바친 헌신

모든 걸 천지신명의
운명으로 받아낸다

모진 삶 가난에도 맘으로 다스리고
나오는 눈물참고 웃음으로 포용한다

당신의 삶의 여정이
말로 어찌 담을지

노을 녘 언덕 앉아 젖어든 회한들이
칠순의 인생고해 생각도 허사로다

오늘 밤 은하수로 꾸며
보고 계실 어머님

가을맞이

한 열기 지나간 후
빼꼼히 찾아온 임

가져온 선물일랑
말한들 무엇하리

온천지 물들이고도
황금물결 어쩔고

목탁소리

간절한 염원 안고
애틋한 바램으로

두드리는 음율 따라
산사를 감아돈다

짓누른 험난한 삶이
얼음 녹듯
풀려라

발을 매만지며

긴 세월 고생했네
군 생활 험한 역로(逆路)

전후방 어디든지
머얼리 월남에도

험한 곳
마다않으며
가자하면
나섰지

시인은 마음을 먹고

구겨진 마음일랑
벗어놓고 볼 일이다

세상을 읽을 때는
뜯어서 볼 일이다

스치는 바람소리에
느낀 서정(敍情) 실으리

지니는 메모지에
떠올린 시상(詩想)메모

쪼개고 펼쳐보고
다듬고 손질하고

마음을 되짚음하며
가다듬기 몇인가

부채 같은 마음

펼치면 온 세상을
그 품에 담아내고

오므리면 모든 것이
하나로 응축되네

부챗살
화폭 속에는
희로애락
숨었네

어드매

한 세상 삭풍 따라
홀연히 흘러가고

바라는 마음마다
소식은 언제려나

모든 게 그러할진대
깨닮이야 어드매

세월에 마음을 실고

찾은 길 멀리하고
새로운 길 찾는가

범벅된 세파 따라
흘러온 세월이야

구겨진 마음일진데
되새긴들 또 뭐고

떠가는 구름에게
물으면 무엇하리

한바탕 풍월 따라
노래나 읊어보자

세월이 빨리 도가네
덜 익은 마음 어쩔고

연꽃의 포옹

시궁창 뿌리내려
인내로 키워냈네

풍파가 몰아쳐도
삼매로 향기롭고

혼돈의
세상살이도
포근하게
감싸네

윤회(輪廻)

어디서 흘러와서
가는 곳 어드멘지

휘돌아 짧은 세월
묵상에 펼쳐진다

지금껏
받아온 은혜
언제에나
갚을지

향촌에 살고파라

흰 반백 되고 보니
향촌에 가고파라

울타리 넘어넘어
정감이 오순도순

흘러온 인생역정을
나누면서 살고파

한바탕 꿈

삶의 여정 돌아보니
한 바탕 꿈이었고

희로애락 가락 따라
흘러온 구름 같았네

오호라 일장춘몽을
언제까지 꾸려나

낙엽 지는 늦가을

달력을 넘겨보니
가을이 도망친다

입동이 다가오고
한기가 감사온다

고즈넉 앉은 선정에
겨울소식 알린다

단풍잎 서리 내려
꽃밭으로 물들이고

한바탕 바람 불어
단풍잎 춤을 춘다

내 마음 따라 흘러서
무심 세월 맛본다

흰 구름에 마음 싣고

선정에 들어보려
산허리 올라선다

하늘이 멀어가고
흰 구름 병풍친다

홀연히 스치고 가는
갈바람이 매섭다

때맞춰 내린 비가
다가올 추위 알리고

단풍은 체념으로
무거운 침묵이다

이 가을 기우는 속에
윤회섭리 싣는다

석굴암에서

토함산 가을 중턱에 호젓한 암자여
앞으로 바다이고 뒤로는 바위 숲
불경 속 자비은혜로
마음속내 출렁인다

독경과 풍경소리 어울려 합장할 제
중생과 숲속 새가 번갈아 춤추고
사르고 안겨오라고
손짓하는 암자여

봉우리 받쳐 든 연등불 비추는데
고요 속 만불들이 침묵으로 응답한다
정토가 어드메이냐
마음에나 새기게

엄마 생각

삼칠일제 마치고서
어미 묘 찾아갈 때

연민 따라 보여주신
화사한 엄마 얼굴

감정도
메말라버린
내 마음은
어이해

강변에 앉아

꽃망울 피우더니
어느덧 꽃이 지네

뽐내던 하얀 넋을
강물에 펼쳤구나

마음을 포용하면서
떠나가는 이별이네

낮에는 햇살 비춰
포근히 감사주고

어둠이 밀려오면
수놓는 개똥벌레

세월의 파노라마가
물결 따라 흐른다

고향 찾은 여름휴가

토함산 구비 돌아
흘러든 대종천에

가져온 감자 고추
천렵이 한창이다

물 따라 흥겨운 놀이
사람 꽃이 만개다

매미가 울어대니
잠자리 날아들고

인정도 풀어놓고
얘기가 만발이다

대종천 넓은 마당에
마음 풀어 노닌다

가을 속으로

서두르는 가을비로
꽃단풍 물들이고

실바람 넘실될 제
논배미 오곡 익고

흐뭇한 풍요 속으로
가을걷이 분주하다

구수한 가을 냄새
치닫는 시월인데

빠알간 고추잠자리
일손을 재촉한다

머얼리 색동옷보며
만추풍경 취한다

낙엽

스산한 저문 밤에
가을은 익어가고

호젓이 깊은 상념
빠져든 침묵 속에

집밖에
뒹구는 낙엽
내 가슴을
적신다

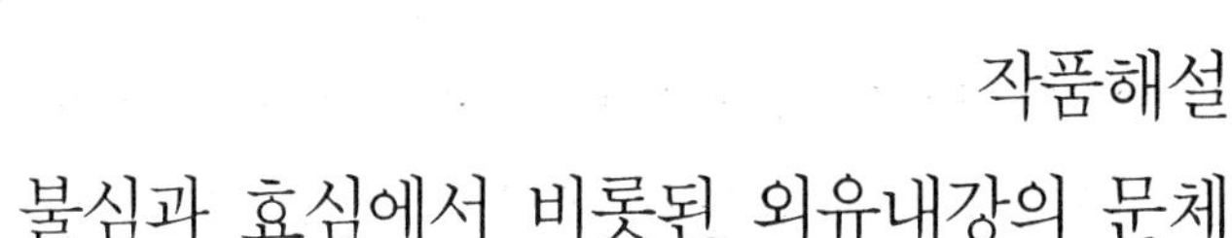

작품해설
불심과 효심에서 비롯된 외유내강의 문제

김순진 (문학평론가 · 고려대 평생교육원 시창작교수)

불심과 효심에서 비롯된 외유내강의 문제

김 순 진

원종관 시인은 평생을 군생활에 몸담다 전역한 사람이다. 그것도 포천 이동에서 마지막 군생활을 마치고 육군 대령으로 예편한 사람이다. 군인출신을 생각하면 우리는 딱딱한 사람이란 이미지를 가진다. 그런데 원종관 시인은 그런 분이 아니다. 오히려 상대방에게 먼저 말 한 마디 더 건네고, 술 한 잔을 더 따라주는 분이다.

원종관 시인은 신라의 고도 경주 근처 문무대왕이 잠든 바닷가의 작은 마을에서 태어났다. 아들 귀한 집안에 시집온 그의 어머니는 시골면장의 따님이라 잘 교육받은 양갓집 규수였다. 그의 어머니는 산천으로 절로 기도를 다니는 정성으로 아들인 그를 낳았지만, 그가 초등학교 4학년 때 그의 어머니가 돌아가시게 된다. 그 후로 그는 늘 외로운 생활을 하면서 독학, 자취, 객지생활 끝에 대학에 진학하게 되면 많은 등록금을 마련해야 하는 경제적 부담 때문에 마침내 육군사관학교에 입학하게 되고, 군인의 길로 접어들어 승승장구하며 마침내 대령이라는 높은 계급까지 오르게 된다. 그것은 늘 혼자였기 때문에 독립심이 강한 남성으로 성장하게 되었고, 세밀하고 깊이 관찰하고 성품까지 지니게 되는데, 이는 훗날 그가 시인으로 성장하는 데 밑거름이 된다. 인생공부 한 번 해보려고 산사를 찾아들었다. 어쩌면 장군이 되지 못한 좌절감과 패배감도 없지 않았았다고 본다. 5년여 절 생활을 하면서 도(道)를 깨닫기 위해 수행하다가 마침내 그는 포천으로 되돌아오게 되며 문학과 만나게 되는데, 그는 오랜 군생활로 젖어든 메커니즘에서 벗어나 유연적 사고로 삶의 윤활유가 되길 바라는 마음이 시에 표출되고 있다고 할 수 있다.

시는 낯을 가리지 않는다. 시는 나이를 가리지 않는다. 시는 출신을 가리지 않는다. 시는 학벌을 따지지 않으며, 시는 유학을 했느냐 농사를 지었느냐에 관심을 두지 않는다. 시는 환경미화원이냐, 장애인이냐, 선생이냐, 장군이냐에 무심하다. 시는 만인에게 평등하다. 고로 우리는 시 앞에 평등하다. 시는 손을 내미는 사람에게 지극히 따스하며, 외면하는 사람에게 지극히 차갑다. 시는 때로 소나무와 같아서 스스로 푸르다. 그러나 시는 길모퉁이 보도블록 사이에 피어난 민들레와 같아서 애잔하다. 시는 외로움에 대하여 어머니처럼 품어주며, 좌절에 대하여 기둥처럼 일으켜 세우며, 교만에 대하여 호랑이처럼 대든다. 시는 미친 사람처럼 웃게 하고, 함께 술 마시게 하며, 홀로 있어도 외롭지 않게 한다. 이러한 시는 일찍 어머니를 여의고 혹독한 외로움을 겪으며 인생을 헤쳐 온 원종관 시인에게도 똑같이 평등하다. 그래서 그가 늦은 나이에 시에게 손을 내밀었을 때, 시는 가만히 앉아 '어허, 나를 만나고 싶다고? 올 테면 와봐라'라며 팔짱을 끼고 방관하거나 무시하는 것이 아니라 마당 아래로 버선발로 내려와 덥석 끌어안아 준 것이다. 그래서 그는 아무 때나 찾아가면 만날 수 있는 친구를 사귀게 되는데, 그 시 친구는 정말 다양해서 가족이나 고향, 불교와 자아뿐만 아니라 서민의 삶에 대한 면밀한 관찰을 통해 인간성과 도덕성 회복의 열쇠를 그에게 주어주는 것이다.

그럼 이쯤에서 그의 시 몇 편을 읽어보면서 그의 정신세계에 대하여 알아보자.

어둠속에서 날개를 퍼득이며
부지런히 날아요
인연의 고리로 스쳤을 뿐이라도
그대 체온이 내 심장에 그리움되어
똬리를 틀고 어둠속에 반딧불 되어
나를 지켜주고 있소
눈은 멀었지만 그대를 찾아
작열하는 사막으로 내달리면
요단강 만나고 그대와 재회하여
동행할 수 있을까요

나는 박쥐 당신은 낙타
길은 멀어도 그리움은 하나

– 「박쥐와 낙타」 전문

이 시는 상징기법이 적용된 시다. 상징이란 무엇인가? 사전을 찾아보면 "어떤 관념이나 사상을 구체적인 사물이나 심상을 통해 암시하는 일, 또는 그 사물이나 심상"이라고 나와 있다. 상징이란 보이지 않는 세계, 미경험의 세계, 상상의 세계에 촉수를 세운다. 원종관 시인은 왜 「박쥐와 낙타」라는 제목을 붙였을까? 박쥐는 눈이 퇴화되어 있고 촉수, 즉 초음파를 날려서 지형지물에 부딪쳐 돌아오는 초음파로 거리를 측정하거나 먹이를 잡아먹는다. 박쥐는 어둠의 동물이다. 이는 원종관 시인의 마음이 그만큼 그늘져 있다는 암시이다. 그래서 그는 낙타를 지향한다. 낙타는 어떤 동물인가? 사막을 횡단할 수 있는 낙타, 우리는 사막의 배라고 부른다. 그렇다면 낙타는 자신을 구해줄 수 있는 대상이다. 그 대상은 한때 여인이라는 행복이었거나 장군이라는 직책이었을 것이다. 그런데 이제는 그가 시라는 낙타를 타고 오아시스를 향해 사막 위를 걸어가고 있다. 따라서 이 시에는 그의 곁을 떠나간 사람들을 그리워하는 마음도 표현되어 있지만 사실은 자신을 구원해줄 그 무엇, 즉 시나 불교 같은 것을 갈망하고 있는 것이다. 상징이란 작품 내에서 어떤 것을 대신해서 나타내는 장치다. 신비한 어떤 것을 불러내기 위한 방법으로써 시인이 내면의 고통을 해결하기 위해 시를 쓴다면 박쥐는 자신의 고통을 감추고 싶은 마음의 상징이요, 낙타는 구조자를 만나고 싶은 마음의 상징이다. 그가 포천문예대학에서 몇 번의 시공부를 하였다고는 하지만 이렇게 구체적인 기법을 사용할 수 있다는 것은 매우 놀라운 발전이다.

친구야
지금 생각해보니 삶이란 기하학과 같은 것 같아
어렵게 공부하던 그것
유크리드 피타고라스로부터
뭇 석학들의 얘기를 오늘에야 생각해본다
당장은 더하고 곱하고 제곱하면 좋고
빼고 나누고 하다보면 남는 게 없어 보이지만 아니잖나
어쩜 빼고 나누고 시그마, 이태그랄, 미적분
그런 게 삶의 맛을 주지 않나
한 치 한 푼도 공짜는 없고
따라 다니는 그 무엇이 있고

애써본들 기하학으로 못 그리는 마음은 또 어찌하고
유독 기하학 공부를 잘 했던 친구야
오늘 따라 돌아가신 '고로' 수학선생님 모습 떠올린다
인생은 기하학
아픔과 고통은 서로 나누면 좋고
시기 질투 갈등 같은 건 빼거나 지우면 좋고
너무 더하거나 제곱 좋아하다 보면 급체하고
그렇다고 덧셈 안하면 늙어 설움 받지
친구야 우리 서로의 마음일랑 무한대나
이태그랄 미적분 알지
그것으로 가자고

- 「인생은 기하학」 전문

이 시에서 원종관 시인은 친구를 부르고 있다. 그리고 자연스레 친구에게 이야기하는 형태를 취하고 있다. 여기서 친구란 어떤 친구일까? 물론 시에서는 "유독 기하학 공부를 잘 했던 친구"라고 말을 하고 있긴 하지만, 그 친구는 자신의 말을 들어줄 수 있는 친구다. 그런 친구란 자신뿐이다. 따라서 이 시는 자신에게 하는 독백조의 시다. 그러면 「인생은 기하학」이라 말한 뜻은 무엇일까? 인생은 쉽게 풀리지 않는 구조로 연결되어 있다는 뜻일 게다. 인생은 월급이 통장으로 들어오고 그걸 받아 도로 이리저리 나누어 생활비로 쓰고, 로또복권을 사서 뻥튀기를 꿈꾸는 그런 더하기 빼기 곱하기 나누기의 사칙연산이 아니라 감마 베타 시그마 미적분의 쉽게 풀 수 없는 계산법으로 연결되어 있다고 시인은 생각한다. 차라리 그렇게 쉽게 풀 수 없는 문제가 주어졌을 때 우리는 그 문제를 포기하거나 해결하기 위해 애쓰는 것이 아니라 문제 속으로 들어가 스스로 문제가 되며, 문제의 답은 답이 아니라 문제가 있음을 깨닫고 문제를 해결하기 위해 다각도로 노력하는 것이다. 우리에게 어떤 난관의 문제가 주어진다 치자. 그랬을 때 우리는 곧바로 그것을 해결할 수 없다. 이를테면 부모님의 갑작스런 죽음이나, 사업의 갑작스런 부도, 갑작스런 건강의 쇄락, 직장으로부터의 퇴직 등이 그런 풀기 어려운 문제인데, 원종관 시인은 전역을 함과 동시에 사찰로 들어가 득도를 했다고 한다. 그러나 결국 도를 깨닫는 것이 도가 아니라 속세로 돌아오는 것이 도라는 답을 발견하고 그는 포천으로 돌아와 더욱 확실한 답인 시를 만나게 되는 것이다. '인생은 기하학!' 생각할수록 맞는 말이다. 끊임없이 얽혀지고, 풀기 어렵고, 점점 더 큰 구조물을 형성해나간다. 그러나 우리는 흔히 인생은 헤쳐 나가는 것이라 생각하지만, 인생은 견디는 것이라고 한다. 더욱 견고해지고 풀기 어려운 구조물로 발전해나가는 인생이란 기하학, 우리는 풀기 어려운 기하학이란 구조물의 일원이 되어 살고 있으면 되는 것이다.

1.
웬 벽이 그리 많나
역사가 만들었고 사람들이 스스로 만들었고
철조망으로 돌담으로 마음으로
인종과 종교, 세대와 계층
지역과 기득권, 가진 자와 없는 자
갈등과 미움

2.
헤아릴 수 없는 벽 속에 살아오면서
재주 좋게 잘도 넘어오긴 했는데

너무나도 많다
무서움이 엄습한다
하늘은 아는지 무심한 구름은 자유로이 넘나들고
강은 아는지 유유히 흐르는 물은 말이 없다

3.
제일 무서운 벽만 지혜롭게 넘자
그래왔듯이 적은 것들은 넘어봤지 않았던가
병신(丙申) 새해에는 마음의 벽은 쌓지를 말아야지
낮추고 내어주고 관용과 포용으로
너그럽게 받아들이자
4.
수많은 벽은 내 마음으로부터 시작되고
결국은 내가 짊어져야 할 짐이고 몫이 아니었던가
대화와 나눔으로 부딪치는 벽을 허물자
세상은 넓어지고 행복이 다가오리니

- 「벽」 전문

이 시는 위에서 읽은 시 「인생은 기하학」이란 차원에서 해석하면 좋을 것 같다. 시인은 왜 그렇게 벽이 많으냐고 스스로에게 반문한다. 산다는 것은 벽과 부딪는 일 같다. 우리는 벽을 넘지 못하고 좌절하지만, 벽이란 넘지 못하도록 만들어놓는 법, 따라서 벽에 부딪는 것이 인생이라 생각한다. 원종관 시인의 말씀처럼 우리 주변에는 너무나 많은 벽이 존재한다. 사전을 찾으니 벽에 관한 정의가 많기도 하다. “1. 방이나 집 등의 둘레를 막은 수직 건조물, 2. 극복하기 어려운 곤경이나 장애, 한계 따위를 비유적으로 이르는 말, 3. 사물의 관계나 교류를 가로막는 것을 비유적으로 이르는 말, 4. 고치기 어렵게 굳어진 버릇이나 무엇을 너무 지나치게 즐기는 버릇, 5. 남자끼리 성교하듯이 하는 짓, 6. 이십팔수(二十八宿)의 열넷째 별자리나 또는 그 별들, 7. 짙푸른 빛깔, 8. 옛날 중국에서 제기나 장식품으로 쓰던 고리 모양의 옥, 9. '부엌'의 방언"이라 나와 있다. 사전에도 이렇게 여러 가지의 벽이 존재하는데, 우리의 다양한 삶에 벽이 무수히 존재하는 것은 어쩌면 당연한 일이다. 우선 남과 북 사이에는 철조망이란 벽이 고정되어 있어 서로에게 총부리를 겨누고 있다. 가진 자와 못 가진 자의 벽, 백인과 유색인들 사이의 벽, 힌두교와 기독교 사이의 벽, 어른과 젊은이 사이의 벽, 기득권과 새로운 세대 간의 벽은 이미 우리에게 갈등과 미움을 숙제로 남긴 지 오래다. 벽은 넘지 못하도록 만들어놓았지만, 넘었을 때 비로소 새로운 세상을 도모할 수 있다. 고로 우리에게 벽이란 기회다. 이 나이에 어떻게, 시골출신이 어떻게, 이런 학벌로 무얼 하려고, 군출신이 무슨 시를 쓴다고……. 이러한 벽은 약한 하늬바람에도 쓰러지는 아주 얇은 벽이다. 그런데 우리는 조금만 밀면 벽이 쓰러질 텐데, 그 벽에 갇혀 새로운 일을 도모하지 못한다. 모든 벽은 나로부터 쌓인다. 고로 모든 벽은 나로부터 무너뜨릴 수 있다. 이 세상에 오르지 못할 나무는 없다. 건너지 못할 강도 없다. 따라서 넘지 못할 벽은 더더구나 없다. 사람들은 우리에게 누울 자리를 보고 다리를 뻗으라 하지만, 누울 자리를 보고 다리를 뻗으려다가 과로사할 수 있다. 졸리면 아무데서나 눕고 깨서 툴툴 털고 일어나서 또다시 자기 길을 가면 되는 것이다.

믿음은 공덕의 어머니이고 깨달음의 근본

신심(信心)은 미혹(迷惑)을 끊고 탐진치(貪瞋癡)의 흐름에서 벗어나게 한다
어둠에서 한 걸음만 더 나아가라
자기마음을 잘 살펴 한순간이라도 놓아버리지 마세나
고요해야 살필 수 있지 요동치면 보이겠나
집착을 벗어나야 고통에서 멀어질 수 있잖아
지혜 없이 닦는다 하면 모래 쪄서 밥 짓는 것과 같아
한 생각 금방이니 열심히 공부하세
맹구우목(盲龜遇木) 좋은 기회 또 언제 오려나
참고 견디고 기다릴 줄 아는 사람되어
원망이나 미움을 갖지 말게나
참회하고 마음비워라
어디에고 머무는 바 없는 걸림 없는
마음을 내어라(應無所住 而生其心)

– 「마음 다스리기」 전문

솔직히 나는 원종관 시인의 시집을 받아들고 깜짝 놀랐다. '우와, 사유가 이렇게 심오하다니…….' 그렇게 생각했다. 그의 시 속에는 상당히 많은 불교 시가 들어있었다. 그래서 나는 '아, 불교를 믿으시는구나.' 정도로만 생각했다. 그런데 시를 읽어갈수록 그의 정신세계에 감탄을 하지 않을 수 없었다. 왜냐하면 불심을 바탕으로 한 그의 정신시계는 범인의 수준이 아니었기 때문에 어떻게 이런 경지에 이를 수 있었을까를 궁금하게 생각하고 있던 차에, 이석구 포천예술인동우회 고문께서 보내오신 추천사를 읽게 되니, 그가 도를 깨닫기 위해 사찰에서 5년씩이나 공부를 했다는 사실을 알게 된 후 그 궁금증은 풀렸다. 그의 불심은 아마도 어머니로부터 영향을 받은 것 같다. 그를 낳을 때도 절에 다

니시며 기도를 드리셨다고 들었다. 게다가 그이 동생은 스님이 되기 위해 출가를 했다니, 온 집안이 불교도의 집안인가 보다. 우선 이 시에 나오는 불교 용어 몇 개를 통해서 그가 가지는 불심의 정도와 스스로를 어떻게 닦아내고 있는지 가늠해보자. '탐진치'란 불교에서 말하는 삼독(三毒)으로 삼불선근·삼구·삼화라고도 한다. 탐욕·진에(분노·노여움)·우치로서 이를 '탐·진·치'라 부르는데, 탐욕과 노여움, 우매함을 떨구는 일은 그리 쉽지 않다. '맹구우목(盲龜遇木)'이란 말도 나온다. 이 말 역시 불경 '열반경'에 나오는 말로, 바닷속 눈먼 거북이가 1백년에 한 번 물 위로 떠오를 때 마침 바다 위를 떠다니는 널빤지에 뚫린 작은 구멍에 머리가 들어가게 되는 아주 드문 인연을 말한다. '응무소주(應無所住) 이생기심(而生其心)'이란 말도 나오는데, 이는 금강반야경에 나오는 유명한 구절이다. 어느 곳에도 마음을 멈추지 않게 하여 마음을 일으키라'는 뜻이니 그가 이러한 말들을 자연스럽게 시 안에 쓸 수 있다는 것은 그만큼 공부를 했다는 것임과 동시에 스스로 이를 구현하기 위해 노력하고 있는 것으로 보아진다.

> 택호는 어일댁, 면장의 둘째딸
> 천석가(千石家) 둘째아들 아버지 만나
> 아들 귀한 가문에 귀한 대접 받아보려
> 온갖 노력 정성들여 자신 잊고 살았다네
> 멋 부리기 좋아하고 화투마작 남봉 서방
> 마음 상처 받아도 표정 하나 안 짓고
> 속으로 삭이면서 병들어 갔었나
> 갖고 온 불심을 온 동네 퍼뜨리고
> 찾아오는 거지 이웃 베푸시는 정감
> 화사하게 맞이하며 퍼준 곡식 얼마인가

느닷없이 빨갱이 덮치면 치마 속에 자식 숨겨
위기 넘겨 자식 살린 지혜
하늘도 아는지 자식복은 받았지만
버거운 인생여정 너무 짧아 애통하네
한 알의 밀알이 거둔 열매 너무나 많으니
아는 사람 모두가 칭송하며 그리네

- 「어머니」 전문

세상의 어머니는 누구나 위대하다. 우리는 여자는 약하지만 어머니는 강하다는 말을 하곤 한다. 앞서 언급했던 바와 같이 원종관 시인은 초등학교 4학년 때, 11살의 나이로 어머니를 여윈다. 그 슬픔이 가늠된다. 그 외로움이 가늠된다. 그에 대하면 필자는 부르조아였던 것 같다. 나는 중학교 3학년 때인 16세에 어머니를 여의고 중학교 졸업과 동시에 그때부터 지금까지 객지생활을 해오고 있다. 어찌 보면 원종관 시인과 나는 같은 고독의 길을 걸어온 것 같다. 지난 2010년 윤정희 주연의 영화 <시(詩)>가 히트하고, 서울신문에서 내게 취재를 와 '왜 시를 쓰려 하느냐'고 물었을 때, 나는 '어머니에게 효도하기 위해 시를 쓴다'고 말한 적이 있다. 나의 그 대답은 원종관 시인에게도 똑같이 적용되는 느낌이다. 열한 살 때 여읜 어머니에 대하여 칠순이 넘도록 잊지 못하고 있다는 것과 그것을 시로 옮겨놓고 있다는 감정은 트레이싱페이퍼를 놓고 베낀 듯 일치한다. 나는 아마도 어머니를 일찍 여의지 않았다면 시인이 되지 못했을 것이다. 원종관 시인 역시 어머니를 일찍 여의는 슬픔이 없었다면 이렇게 늦은 나이에 시인이 되려 하지 않았을 것이다. 어머니는 위대하다. 자식에게 어머니는 어린 양에게 끊임없이 푸른 풀을 제공하는 푸른 초원이요,

사막을 걸어가는 여행자에게 오아시스다. 끊임없이 쏟아지는 화수분이며, 위로 위로 밀어 올리는 밑거름이다. 앞으로도 원종관 시인이 생명을 다하는 날까지 젊은 시절에 돌아가신 원종관 시인의 어머니는 날마다 원종관 시인을 다독이고 보살피며, 적당하고 숭고한 슬픔을 보내 그가 더욱 좋은 시인으로 성장하는데 최적의 환경이 되실 것이다.

가을걷이 끝나고 바람 세게 불던 밤
뒤란 한 모퉁이에서 흘러나오는
아버지의 흐느낌소리를 들었다
돌아가실 때 안방에 걸린 월남 간 아들사진 보며
빨리 오지 않는다 한탄도 했던 아버지의 울음을
뛰쳐나가보니 엄마가 먼저 돌아가시고
흙으로 메워버린 술독 있었던 그 자리
아버지께서 힘들어 하시거나 어깨가 쳐지면
손수 빚은 한 사발 술로 힘을 돋우어주시던
애지중지하시던 어머니의 항아리가 있던 그 자리
새로 맺은 어머니와 잘도 살았었는데
그런 거였어
귀하고 맛 좋았던 술 먹으려
한탄하며 혼귀(魂鬼)가 왔던가
살면서 남모르게 엄마를 그리워했던 것이었나

바람에 스치는 아버지 울음소리
언제 또 들리려나

- 「그런 것이었나」 전문

그러면 아버지는 아들에게 어떤 존재인가? 아들에게 아버지는 따스하거나 자상하지도 않은 무뚝뚝한 존재다. 그래서 서운하고 섭섭한 존재지만, 그래도 아버지는 존재 그 자체만으로도 든든한 버팀목이고 비빌 언덕이며 자랑스러운 존재다. 나는 어릴 적 아버지의 재혼을 못마땅하게 여겨서 반항하고 방황했다. 내가 아직 마음의 준비를 하지 못했을 때 아버지의 재혼은 나를 가출케 했다. 내가 무전여행을 떠날 때 아버지는 버스정류장까지 나와 어려운 과정에서 용돈을 챙겨주시며 여행하다가 '힘들면 아무 때나 돌아와도 된다'고 하셨다. 그때 나는 아버지가 내게 힘이 되는 존재라는 것을 처음 느꼈다. 아버지는 내가 삶이 힘들 때 '어떻게 사느냐' 묻지 않았다. 오로지 족보를 펼쳐놓고, '이 할아버지는 절충장군이고, 이 할아버지는 부산부사며 이 할아버지는 전라좌수사를 지내셨다'고 가르치려 했다. 그때 나는 그 말이 귀에 들어오지 않았다. 그러나 아버지가 갑자기 서거하셨을 때, 나는 '진즉에 아버지 말을 귀담아들을 걸' 후회했다. 월남 전쟁터에 간 젊은 아들 원종관을 기다리며 사진을 매만지다가 돌아가셨다는 시인의 아버지에 대한 말씀을 들으니 피눈물이 솟는 듯 가슴이 아프다. 아버지는 어머니가 돌아가신 뒤 날마다 산소에 찾아가 눈물을 흘리셨다. 그러나 우리에게 아파도 아프다는 말을 하지 못하고 스스로 삭이며 삶이라는 거대한 산을 올라야만 했던 아버지를 생각하면 원종관 시인의 아버지의 삶은 또 얼마나 힘이 드셨을까 가늠이 된다. 이젠 평생 단 한 번 술을 끊지 않고 잡수셨던 아버지의 슬픔을 알 것 같다. 눈물이 흐른다. 원종관 시인의 아버지와 우리 아버지 두 분 모두 사랑한다.

토함산 구비 돌아
흘러든 대종천에

가져온 감자 고추
천렵이 한창이다

물 따라 흥겨운 놀이
사람 꽃이 만개다

매미가 울어대니
잠자리 날아들고

인정도 풀어놓고
얘기가 만발이다

대종천 넓은 마당에
마음 풀어 노닌다

- 「고향 찾은 여름휴가」 전문

이 시집은 5부로 이루어져 있는데 특히 5부는 21편의 시조로 편집되어져 있다. 무엇을 뜻하는가? 원종관 시인의 시가 그만큼 다양하다는 뜻이다. 시조는 우리 고유의 시다. 외국으로부터 비롯된 자유시만 쓰는 시인은 너무나 많다. 그러나 원종관 시인처럼 시조를 같이 쓰는 시인은 그리 많지 않다. 요즘 나 역시 시조집을 한 권 엮기 위해 열심히 시조를 쓰고 있다. 그래서 우리 고유의 시조까지 노력하고 있는 원종관 시인의 시쓰기에 더욱 호감이 간다. 이 시에는 대종천이란 개울에서 천렵을 하는 장면이 나온다. 인터넷에서 대종천을 검색하니 "대종천(大鍾川)은 경상북도 경주시 양북면의 재궁마을에서 발원하여 계속 북동류하다가, 장

항1교 부근에서 동류하고, 양북휴게소 부근에서 남류하고, 구길교 부근에서 동류하다가, 경주시 양남면과 양북면의 동해로 흘러드는 하천이다."라고 '위키백과'에 쓰여 있다. 언젠가 나는 울산에 사는 한 시인의 승용차를 타고 신경주역으로 가기 위해 대종천(大鐘川)을 지나간 적이 있다. 그 시인은 저 마른 천이 대종천이라며 대종천의 유래를 말해준 적 있다. 옛날 신라시대에 큰 절이 있었다. 그런데 억수 같은 장마가 져서 홍수가 났다. 그래서 그 절에 있던 큰 범종이 떠내려갔는데 그 종을 지금까지 찾지 못했다고 한다. 그 종에는 다량의 금이 섞여 있어서 그때부터 수많은 사람들이 그 종을 찾기 위해 대종천을 뒤졌지만 지금까지 대종의 향방은 알 수가 없다고 한다. 꾸며낸 말인지는 모르겠다. 그러나 다량의 금이 섞인 대종(大鐘)은 당시 사람들에게 로또복권이었을 것 같다. 나는 '대종천'이란 소설을 쓰려고 하던 참이다. 그런데 원종관 시인의 고향이 대종천이라니 너무나 반갑다. '천렵!' 참으로 설레는 말이다. 지금이야 식당에 가서 매운탕을 사먹는 시대가 되었지만 불과 30여 년 전까지만 하더라도 개울에서 물고기를 잡아 직접 개울가에서 불을 피우고 끓여먹던 천렵은 정말 재미있는 휴가의 방법이었다. 이 시에서처럼 감자와 옥수수를 가져다 삶아 먹고 풋고추를 막된장에 찍어먹던 것이 천렵의 방법이었다. 옛날 사람들이야 화살을 가지고 꿩이나 토끼 사냥을 했을 것이지만 최근에 이르러서는 천렵이라 해봐야 오직 물고기를 잡아 끓여먹는 것 외에 다른 방법은 없었다. 중학교 2학년 때 새로 산 양은솥을 가지고 개울에 천렵을 하러 갔다가 솥뚜껑을 떠내려 보내서 어머니로부터 꾸중을 들었던 기억이 있다. 지금이야 뚜껑을 따로 파니까 새로 사다 쓰면 되지만 그때 아버지께서 나무로 뚜껑을 짜주셔서 한동안 사용하던 기억이 난다.

지금까지 원종관 시인의 시 몇 편을 읽으며 그의 시세계를 여행해 보았다. 그의 시세계를 한 마디로 표현하자면 나는 '불심과 효심에서 비롯된 외유내강의 문체'라 말하고 싶다. 어릴 때부터 어머니를 따라 절에 다녔던 모태신앙의 원종관 시인, 군 전역 이후 절에 들어가 수도생활을 했던 시인에게 불교는 그의 정신세계 전반에 걸쳐 밑바탕에 그윽하게 배경 같이 깔린 존재로 그에게 효심을 일으키고, 끊임없이 자아를 채찍질하는 존재다. 불교는 이 세상의 고통과 번뇌를 벗어나 그로부터 해탈하여 부처가 되는 것을 궁극적인 이상으로 삼는다. 그렇다면 지금 원종관 시인은 부처를 꿈꾸고 있는 것이다. 부처란 무엇인가? 부처란 석가모니를 이르는 말이기도 하지만, 스스로를 정화하여 다시 태어나려는 세상 모든 존재를 이르는 말이기도 하다. 그러니 꽃도 부처, 바위도 부처, 소도 부처, 달도 부처라면 부처를 믿고 불심을 견지해온 원종관 시인도 부처가 아닐까?

흔히 칠순에 팔순에 시집 한 권 내는 것이 소망인 사람들이 많다. 그렇게 소박한 꿈으로는 중앙문단에서도 주목받지 못할 뿐만 아니라, 스스로도 크게 발전하기 어렵다. 인간의 성장은 20세까지는 육체적으로 성장하지만, 그 이후로는 사회적 성장을 위해 노력하며, 60세 이후에는 내적 성장을 도모한다. 즉 시집 한 권 냈으니 죽어도 여한이 없겠다는 소박한 꿈에서 깨어나 이제 시작했으니 더욱 열심히 써서 2집, 3집을 준비하는 과정에 시세계의 발전과 더불어 정신세계가 크게 달라지리라 믿는다. 이제 군인이 아닌 문인으로서의 원종관 시인의 시가 계속 발전해가는 모습을 보고 싶은 것이다. 첫 시집 상재를 진심으로 축하드린다.

국립중앙도서관 출판예정도서목록(CIP)

이 도서의 국립중앙도서관 출판예정도서목록(CIP)은 서지정보유통지원시스템 홈페이지(http://seojinlgokr)와 국가자료공동목록시스템(http://wwwnlgokr/kolisnet)에서 이용하실 수 있습니다.

(CIP제어번호 : CIP2017021714)

원종관 시집

인생은 기하학

초판인쇄일 2017년 9월 4일
초판발행일 2017년 9월 9일

지은이 : 원종관
발행인 : 김순진
편집장 : 전하라
디자인 : 김초롱
펴낸곳 : 문학공원
등 록 : 2004년 3월 9일 제6…706호
주 소 : 우편번호 03382 서울 은평구 통일로 633
녹번오피스텔 501호 스토리문학사
전 화 : 02-2234-1666
팩 스 : 02-2236-1666
홈페이지 : http://cafe.daum.net/yob51
이메일 : 4615562@hanmail.net

※ 책값은 뒤표지에 있습니다.